Peter Hoeft

Auch Du kannst es schaffen !

Deutsche Erstauflage, Dezember 2015
Im galactic-bookstore Verlag
Hauptstr. 76
D-67732 Hirschhorn

ISBN 978-3-9817051-5-7
Covergestaltung: Mario Wellé
Coverbild: pixabay.com

Inhalt

Vorwort

Schon wieder ein neuer Ratgeber über Motivation?
Noch ein Buch darüber, wie wir das Glück finden können?
Ein weiterer Autor, die Ihnen erzählen will, wie Sie erfolgreicher werden?
Ein Trittbrettfahrer vielleicht, der auf den erfolgreichen Zug des Resonanzgesetzes aufgesprungen ist oder Ihnen beim Ausfüllen Ihrer Bestellungen beim Universum helfen möchte?
Ist der Buchmarkt nicht geradezu überschwemmt mit Büchern, DVDs und CDs, die sich der großen Themen Glück, positives Denken und Erfolg angenommen haben?
Und ähneln sie sich nicht sowieso alle bis aufs Haar?
Ist nicht bereits alles gesagt und geschrieben, was man über diese Themen sagen kann?
Warum also sollten Sie dieses Buch lesen?

Nun, immerhin haben Sie es käuflich erworben, geschenkt bekommen oder von einem Freund oder einer Freundin oder einer Kollegin ausgeliehen, die Ihnen davon erzählt hat. Den ersten Schritt haben Sie also bereits getan.
Nein, im Ernst – ich bin tatsächlich der festen Überzeugung, dass Ihnen die Ratschläge, authentischen Geschichten und Affirmationen – bejahende Sätze, die wir uns immer wieder selbst sagen, um unsere Gedanken umzuprogrammieren – helfen werden, Ihr Verhalten dauerhaft zu ändern. Und zwar bis Sie schließlich glücklicher und erfolgreicher sein werden.

Wie ich dazu komme, so etwas zu versprechen?

Ganz einfach, ich habe es selbst genauso erlebt. Und Sie können es auch.
Eine Frage, bevor es so richtig losgeht: Darf ich vom Sie zum etwas persönlicheren Du übergehen?

Es wird in diesem Buch nämlich oft sehr persönlich werden. Sowohl bei dem, was ich aus meinem Leben erzählen werde wie auch in meinen Vorschlägen an dich.
Ich sage also ab jetzt du und hoffe, du bist einverstanden.

„Mal wieder voll die Depri“

2006 stellte ein Studie fest: Wir Deutschen sind in den letzten Jahrzehnten immer mehr zu einem Volk von Pessimisten geworden. Ein Beitrag von Deutschlandradio Kultur trug den Titel: Europameister im Schwarzsehen. Vier Jahre später hieß es dann, die Mehrheit der Deutschen sähe der Zukunft optimistisch entgegen. „Ein Volk dreht auf!", konnte man im Stern lesen. Inzwischen hat sich die Stimmung wieder einmal geändert, kein Wunder, beherrschen doch Meldungen über ISIS- und Boko Haram-Terror, Ebola, Hochwasserkatastrophen, einen drohenden Krieg zwischen Russland und der Ukraine und fast wöchentlich neue Krisenherde die Medien.
All das und die Befürchtung, im Alter ein Pflegefall zu werden oder zu verarmen, weil die Rente nicht reicht, beunruhigt immer mehr Menschen und lässt sie zunehmend pessimistisch und ängstlich in die Zukunft schauen. Doch beherrschen Furcht und negatives Denken uns Deutsche nicht erst seit gestern. Altbundeskanzler Helmut Schmidt stellte schon 2011 fest: „Die Deutschen haben die Neigung, sich zu ängstigen." (Die „German Angst" steckt tief in unseren Genen, DIE WELT, 29.4.1914)
Ich meine, diese anscheinend typisch deutsche Angst ist die Folge eines ständigen negativen und pessimistischen Denkens und Redens, das natürlich auch über die Medien verbreitet wird. Der 2006 verstorbene ehemalige Bundespräsident Johannes Rau fragte einmal: „Haben wir uns vielleicht selber inzwischen so schlecht geredet, dass wir uns nichts mehr zutrauen? Nähern wir uns nicht einer kollektiven Depression?"

Ich meine, da ist etwas dran.

Wir machen uns Sorgen – oft noch durch die Berichterstattung der Medien genährt – und sind beunruhigt. Ängste erfüllen uns, und schließlich werden wir depressiv. Sicherlich nicht alle, das wäre der Super Gau für Deutschlands Krankenkassen.
Doch nimmt die Zahl derjenigen, die für längere Zeit in ein seelisches Tief geraten, immer mehr zu.
Nun ist nicht alles, was man oft sehr schnell mit diesem Begriff versieht, bereits eine Depression. Manchmal habe ich den Eindruck, mit diesem Wort wird geradezu inflationär um sich geworfen.

Jeder, dem es mal ein paar Tage lang nicht gut geht, der „nicht gut drauf" ist und mit hängendem Kopf herumläuft, ist bereits depressiv, hat „voll die Depri", so der von Jugendlichen oft benutzte Ausdruck für eine Krankheit, die den meisten Menschen immer noch unheimlich ist. Schließlich „kennen" viele Zeitgenossen das, was sich dahinter verbirgt nur aus der Zeitung oder dem Fernsehen, wenn wieder einmal über einen Sportler oder Filmschauspieler berichtet wird, der sich wegen seiner Depressionen behandeln lassen musste. Oder wenn Menschen wie Fußballtorwart Robert Enke oder der US-Schauspieler Robin Williams sich am Ende einer langen seelischen Leidenszeit das Leben nehmen, wie schon der Maler Vincent van Gogh, der Schriftsteller Ernest Hemingway, Hollywoodikone Marilyn Monroe, Nirvana Sänger Curt Cobain oder die deutsche Schauspielerin Jennifer Nitsch.
Nur wer selbst schon einmal unter Depressionen gelitten oder jemanden in der Familie oder im Freundeskreis hat, weiß, dass es sich nicht um eine Künstlerkrankheit handelt. Sie kann jeden treffen, unabhängig von seinem gesellschaftlichen Status und seinem Alter. Sehr viele alte Menschen leiden unter Depressionen, aber auch unter Jugendlichen nimmt die Anzahl derer zu, die daran erkranken. Und noch etwas ist wichtig, weil auch darüber nicht immer Klarheit herrscht: Depression ist keine Geisteskrankheit, sondern davon Betroffene leiden unter einer vorübergehenden Erkrankung der Psyche, die nebenbei gesagt, fast immer auch auf den Körper auswirkt, etwa durch Rücken- oder Magenschmerzen, Herzbeschwerden und sehr oft durch Verdauungsprobleme. Körper und Seele sind schließlich eng miteinander verbunden.

Viele Krankheiten sind psychosomatischer Natur, davon gehen Mediziner schon seit längerem aus. Unsere Gedanken haben mehr Einfluss auf unseren Körper, als man früher vermutete. Dazu gehören Magengeschwüre und Herzbeschwerden, aber auch manch andere Symptome.

Der Volksmund kennt deshalb Redewendungen wie „Mir blieb von Angst die Luft weg", „Das ist mir auf den Magen geschlagen", „Das musste ich erst mal verdauen" und „Mir ist die Galle übergelaufen". Einiges davon habe ich selbst erlebt, denn ich kenne diese unheimlichen Begleiter seit meinem fünfzehnten Lebensjahr, als sich zum ersten Mal Depressionen bei mir einstellten. Davon möchte dir in diesem Kapitel erzählen, vor allem aber, wie ich schließlich aus dem tiefen Loch herauskam. Denn Depressionen sind ja nichts, dem wir für immer und ewig ausgeliefert sind und gegen das es keine Chance gibt. Jede Depression geht einmal vorüber.

Ich möchte dir von einer Zeit erzählen, die für mich die Hölle war. Vor etlichen Jahren steckte ich in einer echten Lebenskrise. Als Folge geriet ich in immer tiefere Depressionen, die mich schließlich – das kannte ich schon aus meiner Jugendzeit und einer weiteren depressiven Phase – bis zu Suizidgedanken trieben!

Übrigens sind mindestens drei Millionen Menschen in Deutschland davon betroffen.

Wie meinen Leidensgenossen machte auch mir nichts mehr Freude, zu nichts konnte ich mich mehr aufraffen, alles und jedes wurde mir zu viel. Manchmal war ich einfach nur noch tieftraurig oder fühlte mich nur noch leer.
Ich hockte buchstäblich in einem tiefen, schwarzen Loch. Und es dauerte viele Monate, bis ich endlich das sprichwörtliche „Licht am Ende des Tunnels" sah.
Was mir zu dieser Zeit schließlich half, waren neben der Liebe und Geduld meiner Frau – die ich zugegebenermaßen manchmal arg strapazierte – die Gespräche mit einem Psychotherapeuten und eine Art Eigentherapie. Diese bestand darin, dass ich mich überwiegend mit dem Lesen der Bücher bekannter positiv und konstruktiv denkender Menschen beschäftigte, etwa den Werken von Norman Vincent Peale und Robert Schuller.
Durch das Lesen und Befolgen der motivierenden Ratschläge dieser und einiger anderer Autoren fand ich schließlich nach einer mir ewig lang erscheinenden seelischen Durststrecke aus dem schwarzen Loch heraus, in dem ich mich – von meiner Neurologin monatelang krankgeschrieben – wie viele meiner Leidensgenossen nicht ganz unschuldig befunden hatte.

Nicht ganz unschuldig?, fragst du jetzt vielleicht.
Wie komme ich dazu, einem an Depressionen Erkrankten die Schuld an seiner Krankheit zu geben?

Natürlich muss ich hier vorsichtig sein. Ich kann also erst einmal nur von mir sprechen. Und doch glaube ich, dass sich viele depressive Menschen ein Stück weit selbst in diese Lage gebracht haben. Natürlich weiß ich um die Gründe, die eine Depression auslösen können, etwa die der endogenen Form, die von innen, infolge veränderter Stoffwechselvorgänge im Gehirn entsteht und etwa 20 Prozent ausmacht. Bei anderen tritt eine Depression als Folge von Erschöpfung und nach belastenden Erfahrungen in der Lebensgeschichte auf. Dazu gehört sicher auch die Burn-out-Erkrankung nach lang andauernder Überbelastung im privaten oder beruflichen Umfeld. Und manche Patienten reagieren auf ein aktuelles, belastendes Erlebnis.

Bei mir waren es damals einige Erlebnisse, die mich immer tiefer herunterzogen. Hinzu kam manchmal und glücklicherweise nicht lange andauernd eine Zeit der sogenannten bipolaren Störung, in der ich im Wechsel unter Depressionen und manischen Phasen litt, wobei mir gar nicht bewusst war, wenn ich mich manisch verhielt. Man kann diesen Zustand sehr gut mit „himmelhoch jauchzend, zu Tode betrübt" bezeichnen. Für meine Frau war es dann schon recht peinlich bis nervig, wenn ich in Gesellschaft regelrechte Redeschwälle von mir gab. Gut, dass diese manischen Phasen, während denen ich in euphorischer aber manchmal auch gereizter Stimmung war, nicht lange genug anhielten, um Dinge anzustellen, die ich hinterher bereut hätte. Manche Maniker verfallen nämlich während solcher Episoden in einen regelrechten Kaufrausch und geben Geld aus, das sie nicht haben, verlieren normale soziale Hemmungen oder stürzen sich in sexuelle Abenteuer.

Zurück zu meiner Behauptung, viele depressive Menschen seien ein Stück weit an ihrer Krankheit Schuld. Dazu muss man sich die Frage stellen: wie gerät man überhaupt in eine Depression hinein?

Oder anders ausgedrückt: Wie kann ich mich selbst erfolgreich deprimieren?

Meine These lautet: Durch falsche Denkweisen und durch falsches, nämlich negatives Denken.

Denn, so wie es ein positives Denken gibt, so gibt es auch das Gegenteil, ein negatives Denken, das im schlimmsten Fall so aussieht:
Ich habe zu nichts Lust.
Ich habe keine Kraft und keinen Schwung mehr.
Mir fehlt der Lebensmut.
Mich mag doch niemand.
Ich kann nichts.
Ich bin nichts wert.
Das wird doch nie wieder besser.

Wozu lebe ich eigentlich noch?
Niemand würde mich vermissen, wenn ich nicht mehr da wäre.

So denken depressive Menschen in ihren dunklen, hoffnungslosen Stunden. Der Zeit im schwarzen Loch, der tiefen Grube, aus der er kein Entkommen gibt, dem Tunnel ohne Licht am Ende. Scheinbar.
Wie gesagt, ich weiß, wovon ich spreche. Ich kenne das alles, die dunklen Gedanken, die tiefe Trauer und die Leere, in der man nichts mehr fühlt. Und schließlich der Wunsch, Schluss zu machen. Im Alter von fünfzehn Jahren versuchte ich es zum ersten Mal, mit zweiundzwanzig Jahren erneut. Depressive Episoden hatte ich mehrmals, die letzte 2005. Davor war ich eineinhalb Jahre arbeitsunfähig gewesen und hatte es noch einmal versucht, doch als ich einige Zeit später erneut von meiner Neurologin krankgeschrieben wurde, machte mir meine damalige Krankenkasse den Vorschlag, einen Antrag auf Erwerbsminderungsrente zu stellen, nachdem auch eine fünfwöchige Reha Maßnahme nichts gebracht hatte und ich bei meiner neuen Arbeitsstelle während der Probezeit gekündigt worden war. Ich konnte es der Chefin nicht verdenken, was sollte man mit einem Mitarbeiter anfangen, der immer wieder ausfiel?
Ich stellte also den Antrag und war bald darauf Rentner. Damals war ich 48 Jahre alt.

Hatte ich versagt?
Nein!
Warum kann ich das sagen?

Nach etwa einem Jahr, während dem ich mich ehrenamtlich in der Arbeit mit Demenzkranken engagierte und nebenbei an einem Roman arbeitete – ich hatte schon als Jugendlicher und viele Jahre später als junger Familienvater gern geschrieben – zog ich mit meiner Frau und unserem jüngsten Sohn in ein anderes Bundesland um, weil meine Frau dort eine neue Arbeitsstelle gefunden hatte. In dieser Zeit hatte ich mich in einem Forum von Hobby-Autoren angemeldet, in dem wir uns über das Schreiben und unsere kleinen Erfolge austauschten. Über dieses Internetforum lernte ich eine Frau aus Lübeck kennen, die Lust hatte, mit mir zusammen an meinem angefangen Roman weiterzuschreiben. Unsere Schreibstile passten gut zusammen, und wir konnten das Manuskript schließlich über einen Literaturagenten bei einem Verlag unterbringen, der es zwei Jahre später veröffentlichte. Zwar wurde es nicht der große Erfolg, doch wir machten weiter. Ein

Jahr darauf erschien unser zweiter historischer Roman in einem Verlag der Verlagsgruppe Random House! Weitere, sogenannte Lizenz-Ausgaben des Buches folgten und 2012 und 2014 erschienen unsere nächsten gemeinsamen Romane.
In eine ähnlich tiefe depressive Episode wie in den Jahren bis 2005 bin ich seitdem nie wieder gerutscht. Dies geschah wie schon erwähnt unter anderem durch die Beschäftigung mit positivem, konstruktivem Gedankengut. Deshalb empfehle ich es dir ausdrücklich an dieser Stelle. Doch das Lesen solcher Bücher allein wird dir noch nicht helfen. Du musst dein Denken regelrecht umprogrammieren, von negativ auf positiv schalten. Du musst deinen Kopf entrümpeln und dich von unerwünschten Gewohnheiten und Denkweisen befreien.
Leichter gesagt als getan?, sagst du jetzt vielleicht. Stimmt, aber niemand hat behauptet, dass es leicht ist! Veränderung erfordert immer Arbeit. Und Arbeit ist niemals leicht.
Deshalb die grundsätzlichen Fragen:

Bist du bereit für Veränderung in deinem Leben?
Bist du bereit, Glück und Erfolg zuzulassen?
Oder denkst du, es ist egoistisch und irgendwie nicht richtig, sich in einer Welt, in der so viel Leid existiert, persönliches Glück und Erfolg zu wünschen?

Doch, du darfst es.
Denn es nützt niemandem, wenn du dich von dem Elend und Leid, das uns die Medien täglich frei Haus liefern, herunterziehen lässt und darauf verzichtest, selber ein glücklicher und erfolgreicher Mensch zu sein. Ich bin sogar der Meinung, beides steht dir zu!

Das bedeutet nicht, dass du nicht mit denen mitfühlen darfst, die momentan in einem der vielen Krisengebiete unter Hunger, Krankheiten, Unruhen oder Naturkatastrophen leiden. Mitgefühl ja! Mitleid – nein! Denn das würde bedeuten, dass du das Leid anderer in dein eigenes Leben hinein holst, was nicht richtig sein kann. Es ist ein Unterschied zwischen bloßem Mitleid und Mitgefühl, also Empathie, der Fähigkeit, Emotionen anderer Menschen nachzufühlen. Mitleiden, also mit jemandem leiden, heißt, sich mit dem Leiden des anderen zu beschäftigen und zu identifizieren und sich bald ebenso bedrückt und traurig fühlen. Man hat das Negative in sich aufgenommen und zugelassen, dass es die eigene Seele bedrückt und beschwert.

Mitgefühl dagegen treibt uns dazu, dem anderen mit Liebe und Trost zu begegnen und ihm so tatsächlich zu helfen. Handelt es sich um entferntes Leid, so können wir durch eine Spende an eine vertrauenswürdige Organisation helfen oder in unserem eigenen Wohnort etwas tun. Es gibt genügend Gelegenheiten. Vielleicht gibt es ja in deiner Stadt einen Verein, der es sich zur Aufgabe gemacht hat, Migranten und Asylbewerbern mit Rat und Tat zur Seite zu stehen. Solche Vereine sind für Unterstützung dankbar.

Auch der Kinderschutzbund, der in jedem größeren Ort vertreten ist, freut sich über ehrenamtliche Hilfe oder finanzielle Unterstützung. Wer etwas tun will für benachteiligte Menschen, findet immer eine Möglichkeit.

Zurück zum positiven Denken. Damals habe ich mir die für mich hilfreichsten Worte und Sätze meiner „persönlichen Motivatoren" auf Karten geschrieben, um sie immer griffbereit zu haben, wenn ich sie brauchte.

Hier einige davon, die ich mir gemerkt habe:

„Der einzige Mist, auf dem nichts wächst, ist der Pessimist."

Theodor Heuss, erster Bundespräsident der Bundesrepublik Deutschland

„Gib jedem Tag die Chance, der schönste deines Lebens zu werden!"

Mark Twain, amerikanischer Schriftsteller

„Fallen ist keine Schande. Nur liegen bleiben darf man nicht!"

Unbekannt

„Braucht dein Gesicht ein Lifting? Dann setz ein Lächeln auf!"

Unbekannt

„Nichts auf der Welt wirkt so ansteckend wie Lachen und gute Laune."
Charles Dickens, britischer Schriftsteller

„Dass die Vögel der Sorge und des Kummers über deinem Haupt fliegen, kannst du nicht ändern. Aber dass sie Nester in deinen Haaren bauen, kannst du verhindern."
Chinesisches Sprichwort

Jeder Tag ist ein guter Tag!
Buddhistische Weisheit

„Lehne es nicht ab, das Negative zur Kenntnis zu nehmen. Weigere dich lediglich, dich ihm zu unterwerfen."
Norman Vincent Peale

Durchbrich den Teufelskreis der negativen, depressiven Gedanken!
Beginn ab heute damit, positiv zu denken. Dabei geht es nicht darum, mit einer rosaroten Brille durchs Leben zu laufen. Die Probleme sind immer noch da, sie lassen sich nicht einfach wegdenken, aber es kommt darauf an, wie du ihnen gegenüber trittst.

Ergibst du dich, kapitulierst du vor ihnen?
Oder trittst du ihnen mutig entgegen, bereit, es mit ihnen aufzunehmen?

Manchmal muss man allerdings einen harten Schnitt machen,
z. B. wenn es in deinem Leben Menschen gibt, die dir nicht gut tun, weil sie dir deine Kraft rauben.
Menschen, die immer nur negativ denken und reden und dich so auf ihre Stufe herabziehen.
Ich nenne sie Energieräuber. Wenn du den Kontakt zu ihnen nicht ganz abbrechen kannst oder willst, versuche wenigstens bei bestimmten Gesprächen und Themen innerlich Stopp! zu sagen und das Gespräch in eine andere Richtung zu lenken.

Versuche dir anzugewöhnen, negative Gedanken in positive umzuwandeln. Wenn der Wetterbericht für das kommende Wochenende Regen ankündigt, schimpf nicht mehr länger, wie ich es früher tat: „Natürlich, das was ja klar – wenn ich schon mal frei habe, regnet es!", sondern nutze das Wochenende dazu, mal richtig aufzuräumen und es dir mit deinem Schatz gemütlich zu machen oder ins Kino oder Museum zu gehen und sich eine Ausstellung anzusehen. Es gibt immer etwas Interessantes zu sehen.

Hattest du einen Autounfall mit einem leichten Blechschaden?
Schimpf nicht, warum so etwas immer nur dir passieren muss – was außerdem gar nicht stimmt, denn auch andere Menschen haben Unfälle – sondern sieh das Positive in der Situation: Wenigstens ist Dir nichts passiert.
Es geht darum, den Blickwinkel, die Perspektive zu wechseln und das immer mehr.

Buddha soll gesagt haben: Alles, was wir sind, ist das Resultat dessen, was wir gedacht haben.

Ich finde das absolut einleuchtend. Wenn ein Mensch heute schwer depressiv ist, dann hat er in all den Jahren davor eine negative, letztendlich zerstörerische Denkweise gehabt.
Denn Gedanken machen Gefühle, und Gefühle können krank machen. Deshalb ist es so wichtig, unsere Gedanken zu beobachten und in eine andere Richtung zu lenken, wenn wir merken, dass sie uns schaden.

Für meine Gedanken & Erkenntnisse zum Kapitel

„Mal wieder voll die Depri"

Die Kraft der Affirmationen

Ich gestehe, ich liebe Romane, Fernsehserien und Filme, in denen die Protagonisten in der Zeit zurückreisen wie in Time Tunnel, Zurück in die Zukunft und Timeline. In der Realität ist so etwas leider noch nicht möglich, aber wer weiß? Vielleicht erfinden Wissenschaftler irgendwann doch noch eine Zeitmaschine, mittels der Menschen in die Vergangenheit zurück oder sogar in die Zukunft reisen können! Was wir aber schon heute können – und zwar jeder Mensch! – ist, unsere persönliche Zukunft zu beeinflussen! Wie das funktionieren soll, fragst du?
Da wir morgen sein werden, was wir heute denken, wie Buddha sagte, beeinflusst unser Denken unsere Zukunft. Das sollte eigentlich jedem einleuchten, doch die meisten Menschen machen sich über diese Tatsache zeitlebens keine Gedanken.
Wir verändern unsere Zukunft, indem wir heute in der Gegenwart, unser Denken ändern. Das geschieht hauptsächlich durch Affirmationen. Möglicherweise hast du diesen Begriff noch nie hört oder gelesen, deshalb ein paar Sätze zur Erklärung. Alles, was du sagt – ob es sich um eine negative oder positive Äußerung handelt – ist in gewissem Sinn bereits eine Affirmation. Du äußerst irgendjemandem gegenüber deine Meinung, sagst, wie du über den Zustand der Welt oder einen bestimmten Menschen denkst. Du hast eine gewisse Überzeugung, die du anderen mitteilst.
Wie wirken sich Affirmationen nun auf deine Zukunft und damit auch auf die deines persönlichen Umfeldes aus? Denn du lebst ja nicht im luftleeren Raum, getrennt von anderen Menschen!
Indem du ganz bewusst und gezielt Worte und Sätze aussprichst, die dazu beitragen, etwas Negatives aus deinem Leben zu entfernen und es durch etwas Positives zu ersetzen.
Die meisten Denkmuster haben wir schon im Kindesalter erlernt. Sie begleiten uns nun als Erwachsene. Diese Denkmuster müssen allerdings nicht immer richtig gewesen sein.

Vielleicht haben deine Eltern dir immer wieder zu verstehen gegeben: „Du kannst nichts! aus Dir wird nie etwas Gescheites!"

Was tut man seinem Kind damit an! In der Kinderseele hinterlässt so ein Spruch tiefe Wunden.
So ein Mensch wird im Erwachsenenalter immer das Gefühl haben, nicht zu genügen, nichts wert zu sein, auch wenn die Eltern es längst vergessen haben. Durch ähnliche Aburteilungen und Ausgrenzungen werden diese Wunden dann wieder aufgerissen. Ein so verletzter Mensch wird sich bei manchen Aufgaben oder vor Entscheidungen sagen:
„Das kann ich nicht, dafür bin ich zu dumm!"
„Geh nicht zu nah ans Wasser, Kind – das ist gefährlich!"
Kein Wunder, dass manche Menschen später Angst haben, im Meer zu schwimmen. Wer weiß, was passieren könnte?

Oder:
„Die Welt ist schlecht, das Leben ist ein Jammertal!" In manchen christlichen Kreisen ist diese Sicht sehr verbreitet! Und so beteiligt man sich nicht am gesellschaftlichen Leben, sondern schottet sich in meist kleinen Gemeinschaften ab und wartet sehnsüchtig auf das Ende der Welt, um endlich von diesem Leben erlöst und in den Himmel aufgenommen zu werden.

Vielleicht hat deine Mutter des öfteren gesagt: „Sieh dich vor den Männern vor, die wollen alle nur das Eine!"

Wenn du als erwachsene Frau diese Aussage beibehalten hast, wirst du Männer automatisch negativ sehen und ihnen automatisch mit einem gewissen Argwohn gegenübertreten.

Oder:
„Geld ist schlecht, es verdirbt den Charakter! Die Reichen beuten die Welt aus!"
Wenn du diesen Gedanken verinnerlicht hast, mag es sein, dass darin dein finanzieller Mangel begründet liegt.

Die meisten Menschen haben solche falschen Glaubenssätze, die ihnen das Leben schwer machen. Sie haben nichts mit der Wirklichkeit zu tun, sondern spiegeln nur unsere eigene Realität wieder, das, wovon ein Mensch zwar überzeugt ist, was aber nur seine eigene Meinung ist.

Eine allgemeine, für jeden Menschen gleich gültige Realität gibt es nicht. Genau wie Schönheit, liegt auch Realität immer im Auge des Betrachters. Was für dich real ist, kann ein anderer ganz anders sehen.
Du findest den Sommer am Schönsten, während der Herbst dir Depressionen bereitet, während ein anderer gerade den Herbst liebt und auf einen heißen Sommer verzichten kann.

Übrigens: Es gibt auch positive Denkmuster, die wir von unseren Eltern mit auf den Lebensweg bekommen haben.
Sie lauten unter anderem:

„Du bist liebenswert!"

„Du bist wertvoll!

„Du kannst alles schaffen, was du dir vornimmst!"

„Ich bin stolz auf dich!"

Kinder und Jugendliche, die so etwas von ihren Eltern hören, entwickeln sich in der Regel zu positiv denkenden Persönlichkeiten.

Und noch ein wichtiger Punkt: Glaubenssätze und Überzeugungen müssen von Tatsachen getrennt werden.

Ein Beispiel:

„Ich habe noch immer keine Partnerin." Das ist eine Tatsache.

„Ich bin hässlich, deshalb interessiert sich niemand für mich!" Das ist ein Glaubenssatz.

Ein weiteres Beispiel: „Ich bin 60 Jahre alt." (eine Tatsache)

„Ich bin zu alt, um mein Leben noch einmal zu ändern." (ein Glaubenssatz)

Und ein letztes Beispiel:

„Ich habe 30 Kilo Übergewicht! Meine Sachen passen fast alle nicht mehr!" (eine Tatsache)

„Ich werde es nie schaffen, abzunehmen." (ein Glaubenssatz)

Für meine Gedanken & Erkenntnisse zum Kapitel

Die Kraft der Affirmationen

Positive Affirmationen

Ab heute lege ich den Schalter um und denke positiv!
Ich achte auf mein Denken und wähle bewusst gesunde Gedanken!
Ich liebe mich und sorge für meinen Körper und meine Seele.
Ich bin dankbar für das Gute in meinem Leben!
Ich entscheide mich, glücklich zu sein!

Du glaubst nicht, dass das Aussprechen von positiven Sätzen ausreicht, um eine dauerhafte Veränderung deiner inneren Einstellung zu bewirken?
Vielleicht hilft dir der Vergleich mit dem inzwischen allgemein bekannten Placebo Effekt:

Wir kennen ihn aus der Medizin. Ein Patient bekommt eine Medizin – meist eine Tablette – bei der es sich um nichts anderes als Stärke oder Milchzucker handelt. Der Patient aber glaubt, die wunderbare Tablette, die der Herr Doktor ihm verordnet, hilft ihm gegen seine Beschwerden. Und obwohl es sich nur um ein Scheinmedikament handelt, hilft es tatsächlich, nämlich, weil der Patient an die Wirkung glaubt.
Auch sogenannte – wenn auch nicht unumstrittene – Scheinoperationen führten bei einzelnen Patienten schon zum Erfolg. Bruce Lipton, ein Zellbiologe an der Stanford University, erzählt in seinem Buch Intelligente Zellen von einer Gruppe Patienten mit Kniebeschwerden. Ein Teil von ihnen unterzog sich einer komplizierten Operation, die anderen glaubten nur, operiert worden zu sein. Tatsächlich hatte der Arzt, der die Studie durchführte, bei ihnen nur leichte, nicht in die Tiefe gehende Schnitte vorgenommen. Dennoch konnten die Patienten beider Gruppen bald wieder laufen und Sport treiben, obwohl Gruppe zwei nicht wirklich operiert worden war.
Ein Beweis, dass es unsere innere Einstellung ist, die eine schnellere Genesung bewirkt. Auch das Verschwinden von Warzen durch Besprechen ist ein Beweis für die Kraft des Glaubens.

Der Glaube, das Überzeugt sein von etwas, ist eine der stärksten Kräfte, die es gibt.

Für meine Gedanken & Erkenntnisse zum Kapitel

Positive Affirmationen

Alles Glückssache!

„Bist du glücklich?"

Diese Frage stellten mir im Sommer 1976 zwei junge gut aussehende Frauen mitten in der Fußgängerzone der Stadt, in der ich damals lebte. Das Lächeln auf ihren Gesichtern wirkte geradezu magisch, und ich blieb stehen. Ich weiß heute – fast vierzig Jahre danach – nicht mehr, was ich ihnen damals antwortete, aber als wir uns nach einem kurzen Gespräch trennten, hatte ich ein Flugblatt mit einer Einladung in die Wohngemeinschaft in der Tasche, in der die beiden zusammen mit ein paar anderen jungen Leuten lebten. Dort erfuhr ich, was diese Menschen so glücklich machte.
Sie erzählten mir freudestrahlend, es sei der Glaube an Gott und an seinen Sohn Jesus, dem die „Kinder Gottes", wie sich die Gruppe weltweit nannte, dienten. Um die Geschichte kurz zu machen: schon seit längerem beschäftigte ich mit der Bibel und dem christlichen Glauben und so schloss ich mich ihnen schon nach kurzer Zeit an und wurde ein Mitglied der „Family", kündigte meine Ausbildung zum Altenpfleger und meine Wohnung und zog in die Wohngemeinschaft.
Allerdings nur für etwa acht Monate, dann musste ich schockiert erkennen, um was es Mose David und den anderen Führern der „Family" wirklich ging. Das Glück hatte ich bei den „Kindern Gottes" nicht gefunden, kann aber von Glück sagen, noch rechtzeitig aus der Jugendsekte – denn um eine solche handelte es sich –, herausgekommen zu sein. Wer mehr darüber wissen will, der gebe einmal die Begriffe „Children of God" oder „David Berg" in seine Suchmaschine ein.

Alles Glückssache, sagt man. Stimmt das wirklich?
Das würde ja bedeuten, es ist mehr oder weniger Zufall, was dir im Leben geschieht. Ist es reine Glückssache, ob du gesund bist? Oder anders gesagt – ist Krankheit einfach Schicksal?
Wer so etwas behauptet, irrt. Es ist eben nicht einfach nur Glückssache, bei guter Gesundheit zu sein, sondern liegt ein großes Stück weit an uns selber. Gesund und fit sein ist ein Lebensstil, und Gesundheit fällt uns nicht einfach in den Schoß, wir müssen etwas dafür tun.

Ernähren wir uns vernünftig, bekommt unser Körper alles, was er benötigt?
Geben wir ihm genug Vitamine, Mineralstoffe, Fette, Eiweiß, also Proteine, Kohlehydrate und Ballaststoffe?
Bekommt er genügend Flüssigkeit?
Geben wir ihm ausreichend Zeit zur Erholung und zur Ruhe?
Bewegen wir uns genügend?

In der Bibel heißt es, unser Leib sei der Tempel, in dem Gott durch seinen Geist wohnen möchte. Verunreinige ich diesen Tempel, indem ich Dinge in ihn hineinlasse, die ihm und mir nicht guttun,
Nikotin und zu viel Alkohol etwa?
Schmerz und Krankheit ist nichts Natürliches, sondern meistens hausgemacht. Genau wie der Zustand unserer Geistes. Wir haben Einfluss darauf, wie es uns geht.
Und wie gehe ich, wie gehst du mit deiner Seele um?
Auch sie hat ihre Bedürfnisse, möchte Schönes erleben und Glücksmomente erfahren, möchte zufrieden und sorgenfrei sein und benötigt genug Zeit, Ereignisse zu verarbeiten.

Frage einmal deine Seele:
Wie geht es dir?

Horche tief in dich und deine Seele hinein.

Bist du glücklich?
Was ist das überhaupt, Glück?
Jeder wünscht es sich, und doch behauptet kaum jemand, es zu haben.
Was macht glücklich?
Die Liebe?
Sicherlich.
Das Engagement für andere?
Auch das. Die Familie?
Für viele ist sie das höchste Glück. Geld?

Angeblich nicht, aber es soll beruhigen, wenn man es hat. Da dürfte etwas dran sein, aber gibt es auch Zeitgenossen, die ganz ohne Geld leben und trotzdem glücklich sind.
Der Glaube an ein überirdisches Wesen, Gott genannt?
Ich habe in den vergangenen vierzig Jahren so manchen kennen gelernt, der trotzdem unglücklich war. Nicht umsonst spricht die Psychologie inzwischen von ekklesiogenen Neurosen, religiös bzw. kirchlich verursachten psychischen Störungen, die durch Fehlformen von Frömmigkeit und Religion entstehen.

Was macht glücklich?
Wie wird man glücklich?

In verschiedenen Internetforen, in denen ich Mitglied bin, stellte ich die Frage: was bedeutet für euch Glück?
Hier ein paar der Antworten:

„Glück ist für mich das Lachen und die Gesundheit meines Kindes. Freunde, die hinter einem stehen, egal, wie es mir grade geht."
Anke A., Köchin

„Glück ist für mich ein Sommerspaziergang mit meinem Mann in der Natur."
Marianne L., Kauffrau

„Glück bedeutet für mich Freunde, meine Familie und Gesundheit."
Nicole K., Tupperware Beraterin

„Meine Familie und Freunde. Gesundheit. Und wenn mein Wellensittich auf meiner Schulter sitzt und ein Lied pfeift."
Karin R., Bürokauffrau

„Glück ist für mich, zu lieben und geliebt zu werden (Freunde und Familie) und das Wissen, dass es ihnen gut geht."

Iris K., Autorin

„Glück ist für mich, wenn es mir gesundheitlich gut geht und wenn ich jemand bei etwas behilflich sein kann und ihm oder ihr somit eine kleine Freude bereite."

Elisabeth E., arbeitssuchend

„Glück ist für mich, wenn die positiven Gedanken die negativen überwiegen. Bei einem Hundespaziergang in die Natur denke ich oft daran, wie gut es mir doch eigentlich geht."

Helga B., Verwaltungsfachwirtin

„Glück ist für mich, lachende Kinder zu sehen, die in unberührter Natur herumtollen."

Alexander Knörr, Autor

„Glück ist für mich der Blick in die freundlichen und zufriedenen Augen meiner Border Collie Hündin."

Sandra, Verwaltungsfachangestellte

„Glück ist für mich, wenn es mir und den Menschen, die ich mag, gut geht."

Simone K., Groß- und Außenhandelskauffrau

„Glück ist für mich, zu lieben und geliebt zu werden."

Sina F., Qualitätsprüferin

„Glück ist für mich, frei und unabhängig von irgendwelchen äußeren Zwängen in Frieden und Gesundheit mit meiner Familie leben zu können."

Sigrun H., Lehrerin

„Glück ist für mich, dass ich auch nach 35 Jahren immer noch mit meiner wunderbaren Frau zusammen sein kann."

Walter-Jörg Langbein, Schriftsteller

Diese kleine Auswahl von Antworten zur Frage nach dem persönlichen Glück zeigt, dass es nicht die großen Dinge sind, die uns zufrieden oder glücklich machen. Es geht um inneren Frieden, und Gesundheit, um lieben und geliebt werden und um das Haustier, das uns Freude und Glücksmomente beschert.
Grade letzteres kann ich gut nachempfinden, hatten meine Frau und ich doch viele Jahre lang Hunde und Katzen. Eine Katze zu kraulen und ihr wohliges Schnurren zu hören, macht den Menschen wohl ebenso glücklich wie den Stubentiger selbst. Nicht von ungefähr lautet der Titel eines Buches von Eva Berberich Das Glück ist eine Katze.
Und ein Blick in treue, erwartungsvolle Hundeaugen gehört für viele Menschen zu einem der glücklichsten Momente am Tag.

Zu meinen persönlichen Glücksmomenten gehört außerdem der Moment, wenn meine Frau ein frisch gebackenes Brot aufschneidet, das wir mit etwas Butter und Salz und einem Glas Wein dazu auf der Terrasse genießen und dabei über alles möglich sprechen, das uns bewegt.
Oder eine CD auflegen und die Musik ganz bewusst hören. Ein Glücksgefühl durchströmt mich auch nach Jahrzehnten immer noch, wenn ich an einem kalten Tag unter der warmen Dusche stehen kann und daran denke, wie gut ich es doch habe.

Leider gibt es Menschen, denen es schwer fällt, glücklich zu sein. Wie ist es mit dir?
Wenn du so ein Mensch bist, dann überlege doch einmal, woran das liegen könnte.

Stehst du dir vielleicht selbst im Weg?

Glück ist nicht immer von äußeren Umständen abhängig. Jeder ist seines Glückes Schmied, behauptet ein altes Sprichwort. Du gestaltest dein Schicksal selbst, könnte man auch sagen. Du entscheidest, ob du glücklich oder traurig bist.

„Die Menschen sind in dem Maß glücklich, wie sie es selber zulassen."

Abraham Lincoln

„Es gibt keinen Weg zum Glück. Glück ist der Weg."

Buddha

Für meine Gedanken & Erkenntnisse zum Kapitel

Alles Glückssache!

Das Pippi Langstrumpf-Prinzip

Sicher kennst du aus deiner Kindheit noch die Geschichten über Pippilotta Viktualia Rollgardina Pfefferminz Efraimstochter Langstrumpf, von ihren Freunden Tommy und Annika kurz Pippi genannt! Die drei Romane der schwedischen Autorin Astrid Lindgen waren und sind noch heute Kinderbuchbestseller, und auch die Verfilmungen haben vielen Millionen Kindern große Freude bereitet.

Was das alles mit unserem Thema – der Suche nach Glück und Erfolg – zu tun hat?

Abgesehen davon, dass Pippi vorgeworfen wurde, wegen ihres rebellischen und nonkonformistischen Verhaltens eher anarchistische Züge zu haben und damit als Identifikationsfigur ungeeignet zu sein, gibt es doch manches, was man durchaus von dem frechen und gleichzeitig sympathischen Mädchen aus Südschweden lernen kann.

„Zwei mal drei macht vier, widdewiddewitt und Drei macht Neune! Ich mach mir die Welt, widdewidde wie sie mir gefällt!", singt die bärenstarke, um neue Ideen nie verlegene Göre!.

Die Mitglieder des deutschen Bundestags staunten nicht schlecht, als die SPD-Generalsekretärin Andrea Nahles während einer Debatte das Pippi-Lied anstimmte.

„Ich mach mir die Welt, wie sie mir gefällt!", lautet also das Motto, nach dem Pippi Langstrumpf lebt.

Kritiker behaupten, wirtschaftlich gesehen sei es ein Schlüssel zum Misserfolg, gehe es doch dabei nicht darum, neue Produkte zu entwickeln und Kunden zu erreichen, sondern um eine Missachtung neuer Entwicklungen. Stattdessen erschaffe man sich eine eigene Welt, in der alle neuen Entwicklungen dem eigenen Denken folgen.

Ich sage: Pippis Lebensprinzip funktioniert. Und zwar sehr erfolgreich.

Sie besitzt ein eigenes Pferd und ein eigenes Haus, die Villa Kunterbunt, in der sie tun und lassen kann, was sie möchte. Dem Mädchen gelingt einfach alles. Es benutzt die Macht seiner Gedanken und die schöpferische Kraft, die Kinder oft noch besitzen und die uns im Laufe der Jahre immer mehr verloren geht. Erkennen wir eigentlich noch, wie wunderbar die Welt ist oder wird unser Blick darauf nur noch von all dem Negativen getrübt, das uns durch die Medien frei Haus geliefert wird?

„Die wahre Lebenskunst besteht darin, im Alltäglichen das Wunderbare zu sehen."

Pearl S. Buck

Manchmal beneide ich die Kinder. Sie leben ganz in der Gegenwart, machen sich noch keine Gedanken, ob sie später von ihrem Beruf werden leben können oder überhaupt einen vernünftigen Job finden, der sie erfüllt. Was in Berlin oder anderswo auf der Welt entschieden wird, interessiert sie noch nicht. Ohne Vorurteile gehen sie aufeinander zu.

Werdet wie die Kinder, forderte Jesus einst seine Zuhörer auf. Zu einer Zeit, als Kindern noch nicht besonders viel Aufmerksamkeit zuteilwurde, nahm er die Kleinen ernst. Er stellte sie seinen Jüngern als Vorbilder dar. Denn Kinder haben uns Erwachsenen etwas Entscheidendes voraus. Sie leben noch unbeschwert, sind spontan, neugierig und offen für alles Neue, können sich noch begeistern über Dinge, die uns abgeklärten „großen Leuten" nur noch ein müdes Lächeln entlocken.

Möchtest du einen Glücksmoment erleben?

Dann schau einem Kind zu, das am Strand sitzt und eine Sandburg baut oder einen Käfer betrachtet oder zum ersten Mal einen Regenbogen sieht.

Warum können wir uns eigentlich nicht mehr freuen wie ein Kind, warum nicht mehr staunen über diese wunderbare Welt, in der alles miteinander zusammenhängt?

Versuch einmal wieder wie ein Kind zu sein, lebe und genießen den Augenblick, ohne an die Vergangenheit oder an die Zukunft zu denken. Sei einmal ganz im Hier und Jetzt!

Mach doch einmal etwas, was so gar nicht erwachsen aussieht!

Lächele einem fremden Menschen zu, vielleicht der gestressten Frau an der Supermarkkasse oder dem Mann, der dir auf dem Fußweg entgegenkommt. Und wünsche ihm einen „Guten Tag!". Es könnte seinen Tag enorm verschönern.

Warum nicht etwas Wärme in diese oft so kalte Welt hineinbringen?

Jeder freut sich doch über ein Lächeln, das ihm ein anderer schenkt.
Du kannst das Ganze noch steigern. Ich bin mir sicher, die Verkäuferin in unserem Supermarkt hat sich mehr als gefreut, als ich zu ihr sagte: „Ihre neue Frisur steht Ihnen gut."
Verschenke Geld. Vielleicht an die jungen Leute, die in der Stadt um eine Kleinigkeit bitten. Wirf nicht nur einen Euro in ihren Plastikbecher und geh weiter, sondern ruhig mal einen Fünfeuroschein und wünsch ihnen einen schönen Tag oder „Alles Gute". Sie werden selten genug ein freundliches Wort zu hören bekommen.

„Man hat nur Spaß im Leben, wenn man das Kindliche in sich trägt."
Vicco von Bülow (Loriot)

„Die Weisheit führt uns zur Kindheit zurück."
Blaise Pascal

Dies tut man nicht, das gehört sich nicht! Wie oft haben wir das als Kinder gehört. Ich habe eine gute Nachricht für dich. Du bist volljährig und kannst endlich mal das tun, was du willst.

Kauf oder bastele dir einen Drachen, geh auf ein Feld und lass ihn steigen.
Geh auf den Jahrmarkt und fahre Karussell, Autoskooter oder Geisterbahn, wenn dir danach ist.
Kauf dir Inliner, wenn du Lust dazu hast.

Hab deinen Spaß, egal was die Leute sagen.

Es setzt Glückshormone frei.

Wenn du die Gelegenheit hast, sieh dir einen alten Zeichentrickfilm von Walt Disney an. Der Schöpfer von Mickey Maus und Donald Duck sagte einmal, „In erster Linie mache ich keine Filme für Kinder, sondern für das Kind in jedem von uns, egal ob wir sechs oder sechzig Jahre alt sind."

Ich ersteige mir von Zeit zu Zeit ein paar uralte Ausgaben von Micky Maus und Fix und Foxy und habe meinen Spaß daran, nach vierzig Jahren in den Heften zu blättern, die ich als Kind so gern gelesen habe.
Guck wieder einmal eine Folge der alten Fernsehserien, die du als Kind oder Jugendlicher zusammen mit deinen Eltern sehen durftest.
Lies noch einmal die Kinder- und Jugendbuchklassiker Tom Sawyer, Robin Hood oder Robinson Crusoe.
Sammele im Urlaub Muscheln und Treibholz.
Setze dich in den Bus oder in die Straßenbahn und fahre einmal durch die ganze Stadt, in der du wohnst.
Schau dir die Viertel an, die du noch nicht kennst.
Schreibe jemanden einen Brief. Keine E-Mail oder SMS, sondern einen richtigen Brief.
Male ein Bild oder mach eine Collage.
Schreib eine Geschichte.
Steh früh auf und lausche dem Gesang der Vögel.
Steh noch früher auf und betrachte den Sternenhimmel.
Werde neugierig auf das Leben.
Erlebe Glücksmomente.
Es steht dir zu.

„Nur wer erwachsen wird und ein Kind bleibt, ist ein Mensch", sagte Erich Kästner, der Autor der Kinderbuchklassiker Das doppelte Lottchen und Das fliegende Klassenzimmer, einmal. Und ich möchte hinzufügen: nur der bleibt glücklich!

„Einfach leben wie die Kinder: Sie sind fähig, sich von ganzem Herzen zu freuen.
Sie können ganz im Augenblick sein, von Zwängen und Erwartungen lassen sie sich nicht stören."

Anselm Grün

Für meine Gedanken & Erkenntnisse zum Kapitel

Das Pippi Langstrumpf-Prinzip

Der Weg des Zen

Carpe diem, sagt man, auf Deutsch: Nutze den Tag!
Ich möchte hinzufügen: Nutze diesen Moment, lebe voll im Augenblick. Das ist der Weg des Zen. Vielleicht hast du schon einmal davon gehört oder in der Buchhandlung ein Buch darüber gesehen. Zen – was ist das?
Zuerst einmal: Den Weg des Zen lernt man nicht durch das Lesen von Büchern, nicht durch ein Studium kennen, sondern einzig und allein, indem man lernt, achtsam, also ganz bewusst in jedem Augenblick zu leben. Der Zen weg besteht darin, uns von allem zu befreien, was sich über die Jahre hinweg in unserem Leben angesammelt hat und uns die klare Sicht auf die Wirklichkeit versperrt.
Zen ist keine Religion, keine Philosophie, sondern ein Lebensstil.
Der Zen Weg ist das Gegenteil von „etwas glauben", sondern etwas, das erfahren werden muss und das täglich neu. Im Zen tauschen wir nicht die christliche Vorstellung gegen die buddhistische aus, sondern kommen von allen Vorstellungen los. Zen ist keine schöne Theorie, sondern eine ganz praktische Angelegenheit, etwas, das sowohl in der Natur wie auch in der Stadt, im Wald oder am Meer, aber auch im Großstadtgewühl erlebt werden kann.

Aber was ist Zen?, fragst du.

Leg dieses Buch beiseite.
Was erblickst du?
Einen Blumenstrauß auf dem Tisch?
Dein Lieblingsbild an der Wand?
Die Sonne, die durchs Fenster in dein Zimmer hereinscheint?
Die Tasse Tee, die du dir gemacht hast?

Alles, was du mit deinen Sinnen ganz bewusst wahrnimmst, was du siehst, riechst, fühlst oder schmeckst, ist bereits Zen. Nicht die großen, nicht die spektakulären Dinge, die dir passieren, sondern das auf den ersten Blick zunächst Unscheinbare, das Einfache, können zu einer Zen-Erfahrung werden.

Lass die Blume, die Tasse Tee, die Sonnenstrahlen auf dich wirken, und das mit Leichtigkeit und Heiterkeit. So kann uns Zen lehren, Lebensfreude im alltäglichen Tun zu entwickeln.
„Vergesst nicht, euer Leben in Heiterkeit zu leben!", schrieb der japanische Zen Meister Dogen Zenji bereits vor über 800 Jahren.
Verliebe dich neu – oder vielleicht erstmals – in das Leben. Zen kann dir dabei helfen. „Ihr müsst euch verlieben und vor Freude über die Hecke springen!", schrieb Sasaki Joshu, Gründer und Abt eines Zen-Zentrums in Kalifornien.
Beim Zen geht es nicht darum, den Sinn des Lebens zu finden, sondern die Leichtigkeit des Seins zu entdecken.
Der Schlüssel dazu heißt Achtsamkeit. Aufmerksam zu sein im gegenwärtigen Augenblick. Innehalten, offen sein und sich einlassen auf das, was ist.
Und dabei nicht zu bewerten oder zu interpretieren, was du siehst und erlebst.
Doch so einfach ist das gar nicht.
Allzu schnell lassen wir uns ablenken, entweder von Äußerem oder von unseren Gedanken, vielleicht an die Vergangenheit oder an Zukünftiges. Achtsamkeit muss deshalb geübt werden. Wir sind nicht automatisch achtsamer, auch wenn wir es uns heute vornehmen. Ein Weg, Achtsamkeit in unser Leben hineinzubringen, ist das Loslassen. Und damit sind wir schon bei einem weiteren wichtigen Element des Zens.

Was bedeutet dieses Loslassen?

Nichts anderes als das sich lösen vom ständigen Bewerten müssen, davon, zu allem eine Meinung zu haben, innerlich zu allem deinen „Senf dazugeben" zu müssen. Das erreichen wir, indem wir uns von unserer schmerzvollen Vergangenheit trennen, aber auch von der Angst vor einer Zukunft, die wahrscheinlich so, wie wir sie uns ausmalen, gar nicht kommen wird. Auch unsere Gedanken und Gefühle müssen wir loslassen. Sie kommen und gehen, wir schauen sie uns an, lassen sie aber auch wieder los und weiterziehen.

Im Buddhismus bedeutet Loslassen ein „Nicht-Festhalten-Wollen".

Das hat jedoch nichts zu tun mit Gleichgültigkeit, sondern mit Gelassenheit. Diese Gelassenheit zeigt sich nun aber nicht darin, dass das Leben nur noch an einem vorbeizieht, sondern wird – richtig praktiziert – zu einer Lebenskunst im Alltag. Wir dürfen das Leben in vollen Zügen genießen. Dies bedeutet natürlich nun nicht, hemmungslos und vielleicht sogar auf Kosten anderer zu leben. Hier denke ich eher an die Bibel, in der Jesus seine Zuhörer immer wieder auffordert, den Augenblick zu genießen, ganz entspannt im Hier und Jetzt zu leben und sich nicht wegen der Zukunft zu sorgen, da jeder Tag „seine eigene Plage habe" (Matthäus 6, 34). Der Buddhismus lehrt, dass jeder Mensch geistig erwachen kann. Er nennt es auch Erleuchtung.

Willst du erwachen?

Dann musst du lernen, dein Ego loszulassen, etwas, das in allen spirituellen Lehren von großer Bedeutung ist. Dein Ego hindert dich ja doch nur immer wieder, ein freies und glückliches Leben zu führen. Zen ist ein Weg, dieses Ziel zu erreichen, unabhängig von einer Konfession oder deinem Glauben, ganz ohne dogmatische Lehren, irgendwelche Heiligen und Götter. Zen ist „nichts Heiliges – nur offene Weite", wie Bodhidharma (470 – 543) sagte. Das können Tätigkeiten wie Duschen, Zähneputzen, einkaufen gehen und an der Kasse stehen, am Computer sitzen, eine Tasse Kaffee trinken oder eine Orange schälen und essen sein – ganz profane, einfache Dinge, die du plötzlich ganz neu und bewusst erlebst.

Für meine Gedanken & Erkenntnisse zum Kapitel

Der Weg des Zen

Erfolg – Auch du kannst es schaffen!

„Wir neigen dazu, Erfolge eher nach der Höhe unserer Gehälter oder nach der Größe unserer Autos zu bestimmen, als nach dem Grad unserer Hilfsbereitschaft und dem Maß unserer Menschlichkeit."

Martin Luther King

Was ist Erfolg für dich? Was verbindest du mit diesem Begriff? Ein gut gefülltes Bankkonto? Die Karriereleiter, auf der du Stück für Stück emporkletterst? Anerkennung für das, was du im Beruf oder im Verein leistest? Wann hattest du dein letztes Erfolgserlebnis?
Ich freue mich grade darüber, innerhalb eines halben Jahres 20 Kilo abgenommen zu haben. Ich fühle mich seitdem wesentlich fitter und wohler in meiner Haut.
Ich freue mich, dass es Menschen gibt, die meine Bücher lesen und mir in ihren Rezensionen sagen, wie gut sie ihnen gefallen haben. Natürlich gibt es auch ab und zu einmal negative Leserstimmen, aber davon lasse ich mich nicht beirren, jedenfalls nicht, solange die guten Kritiken überwiegen.

Was ist es bei dir, worauf du stolz bist? Ich behaupte, jeder hat – wenn er etwas länger darüber nachdenkt – etwas, was sich als Erfolg werten lässt. Das kann etwas sein, das mit deinem Berufsleben zu tun hat, aber auch ein persönliche Sache, ein Problem im Privaten vielleicht, die du in den Griff bekommen hast.
Ein Ziel, das du endlich – vielleicht nach Jahren – erreicht hast. Etwas, was du dir immer gewünscht und nun erhalten hast, weil du „dran" geblieben bist.
Auch auf die Frage „Was bedeutet für dich Erfolg?", ergab meine kleine, bereits erwähnte Umfrage etliche interessante Antworten.

„Erfolg heißt für mich, wenn sich Menschen an mich wenden, weil ich etwas so gut beherrsche, um ihnen mit meinem Wissen helfen zu können."

Anke A., Köchin

„Erfolg bedeutet für mich Zufriedenheit, mit mir selbst im Einklang zu sein, wenn ich das erreicht habe, was ich mir vorgestellt habe.

Nicole K., Tupperware Beraterin

„Erfolg? Wenn es auf der Arbeit gut läuft und ich persönliche Erfolge auf privater und beruflicher Ebene habe und ein positives Feedback bekomme, egal in welchem Bereich."

Iris F., Sparkassenangestellte

„Erfolg bedeutet für mich: Wenn ich ein Herzensprojekt realisieren kann und es auch von anderen gemocht wird."

Iris K., Autorin

„Erfolg heißt für mich, einen kniffligen Fall bei der Arbeit abschließen zu können. Wenn ich jemand ein Geschenk mache und ins Schwarze treffe. Wenn ich Leute treffe, die meine „Sprache " sprechen und mich gut mit ihnen verstehe."

Karin R., Bürokauffrau

„Erfolg bedeutet für mich: Freude über Geleistetes, was nicht selbstverständlich ist, in Beruf und Alltag."

Beate T., Hausfrau und Mutter

„Erfolg heißt für mich, die Früchte meiner Arbeit selbst ernten und davon gut und sorglos leben zu können."

Sigrun H., Lehrerin

„Erfolg bedeutet für mich, das was ich gemacht habe, findet Anerkennung."

Marianne L., Kauffrau

Erfolg heißt für mich: das, was ich tue, zu meiner Zufriedenheit beenden zu können."

Sandra H., Bürokauffrau

„Erfolg bedeutet für mich, meine Zukunft so zu gestalten, wie ich es mir wünsche."

Sina F., Qualitätsprüferin

„Erfolg ist für mich, gleich zwei Berufsausbildungen zu besitzen und einen guten und erfolgreichen Job zu haben."

Manuela T., Erzieherin und Heilpädagogin

„Erfolg heißt für mich, dass ich so leben kann, wie ich es wirklich will."

Walter-Jörg Langbein, Schriftsteller

„Erfolg habe ich, wenn ich mir selbst gesetzte Ziele erreicht habe. Das kann die Erstellung einer Bilanz, aber auch eine gut gerittene Dressuraufgabe mit meinem Pferd sein."

Helga B., Verwaltungsfachwirtin

„Erfolg ist, wenn meine Arbeit/Leistung anerkannt wird – in welcher Form auch immer, nicht nur finanziell."

Simone K., Groß- und Außenhandelskauffrau

„Erfolg heißt für mich, gesetzte Ziele Schritt für Schritt zu erreichen. Jeder noch so kleine Schritt ist ein Erfolg für sich.

Sandra X., Verwaltungsangestellte

„Erfolg ist für mich, auf das Erreichte stolz sein zu können.
Alexander Knörr, Autor

Wir sehen, Erfolg ist für jeden etwas anderes. Für den einen bedeutet es, so zu leben, wie er möchte, ein anderer sieht es als Erfolg, anderen mit seinem Wissen helfen zu können und wieder andere freuen sich am positiven Feedback oder daran, von den Früchten ihrer Arbeit leben zu können.

Was bedeutet Erfolg für dich?
Hast du bereits erreicht, was du dir wünschst?
Oder gibt es etwas, das du erreichen möchtest?
Wer oder was würdest du gern sein, wenn es keine Begrenzungen gäbe?
Wie heißen die Begrenzungen in deinem Leben?
Ist es dein sozialer Stand?
Dein Alter?
Bist du zu alt oder zu jung, um das erreichen, was du sein möchtest?

„Wenn du mit deinen Begrenzungen argumentierst, kannst du sicher sein, dass du von ihnen begrenzt bleibst."
Richard Bach

Welchen Wunsch hast du?
Was hindert dich daran, ihn in Erfüllung gehen zu sehen?
Das Wort unmöglich vielleicht?

Wie oft hat es schon geheißen: Das ist unmöglich!
Und dann ging es doch.

Denn unmöglich ist in den meisten Fällen nur das, was wir für unmöglich halten. Die Begrenzungen existieren meist nur in unserem Kopf. Es sind unsere Überzeugungen, unsere Glaubenssätze, die uns daran hindern, die

Dinge einmal ganz anders zu sehen. Unsere in der Vergangenheit aufgebauten Überzeugungen beeinflussen unser jetziges und zukünftiges Leben, wenn wir dabei bleiben. Deshalb müssen wir unsere Sichtweise ändern, wenn wir unsere Zukunft ändern und das werden wollen, was wir uns wünschen. Gelingt es uns, ändert sich nicht nur unser Leben, sondern auch unser Umfeld, denn wir leben schließlich nicht im luftleeren Raum, sondern sind von vielen anderen Menschen umgeben, die mit uns in Verbindung stehen.

Wir können sogar die Zukunft verändern, jedenfalls unsere und die all derer, mit denen wir in Kontakt stehen.
Ein aufregender Gedanke, oder?
Kannst du das glauben?
Das ist wichtig, denn sonst wird alles bleiben wie es ist, und dein Leben läuft weiter in den eingefahrenen Bahnen dahin. So wie das vieler Menschen, die nicht bereit sind, mal etwas Neues auszuprobieren oder zu glauben. Sie leben nach dem Motto: Ich bleibe lieber bei dem, was ich immer gedacht und gemacht habe, da weiß ich, was ich habe.
Über den Tellerrand schauen? Lieber nicht! Schließlich habe ich, haben schon meine Eltern so gelebt. Warum also etwas ändern?
Oder steckt die Angst dahinter, mein Leben könnte aus den Fugen geraten? Bei vielen könnte das der Fall sein.

„Es verlangt viel Mut, um das Gewohnte und scheinbar Sichere abzustreifen und sich auf etwas Neues einzulassen"
Alan Cohen

„Die Zukunft hat viele Namen: Für Schwache ist sie das Unerreichbare, für die Furchtsamen das Unbekannte, für die Mutigen die Chance."
Victor Hugo

Hast du diesen Mut?
Die Tatsache, dass du dieses Buch liest, beweist: du willst etwas ändern.

Was ist dein Ziel?

Was möchtest du gern erreichen?

Bist du der Meinung, es sei zu groß und du hättest keine Chancen, es zu realisieren?

Viel zu lange hast du auf Stimmen gehört, die gesagt haben:

Das kannst du nicht!

Ausgerechnet du?

Das schaffst du nie!

Was glaubst du, wer du bist!

Das Leben ist kein Wunschkonzert!

Warum eigentlich?

Wer gibt einem anderen das Recht, dir deine Träume zu verbieten?

Ohne Träume und Visionen würde es die meisten Erfindungen, die für uns selbstverständlich sind, nicht geben! Es sind die Träumer und Visionäre, die die Welt bereichert haben und uns noch heute Freude machen.
Doch dazu war es nötig, die eigenen Begrenzungen niederzureißen.
Nach menschlichem Ermessen hatte der kleine Trickbetrüger und Dieb, der in den Jahren zwischen 1862 und 1874 acht Jahre im Zuchthaus einsaß, keine Chance, irgendetwas Gutes, geschweige denn Großes aus seinem Leben zu machen. Doch er wollte sein Leben ändern und glaubte an sich und sein Talent, Geschichten zu schreiben. Nur wenige Jahre später war Karl May der meistgelesene Abenteuer-Autor Deutschlands, und noch heute lieben Menschen die Geschichten von Old Shatterhand, Winnetou und all den anderen Figuren, die Karl May erfand.

„Alle unsere Träume können wahr werden – wenn wir den Mut haben, an ihnen festzuhalten.", sagte Walt Disney. Auch durch über 300 Absagen ließ er sich nicht von seinem Ziel abbringen, „den glücklichsten Ort der Welt" zu schaffen, bis er endlich Geldgeber fand, die ihm halfen, seine Vision in die Tat umzusetzen. Seitdem haben viele Millionen Menschen Disneyland und Disneyworld besucht. Welten, die es nur gibt, weil ein Mann an seinem Traum festhielt.

Vielleicht träumst auch du schon lange davon, ein Buch zu schreiben und zu veröffentlichen. Nun ist das Schreiben nicht das Problem, das tun bereits viele Menschen und ihre Geschichten sind gar nicht mal die schlechtesten. Meist erscheinen sie in unbekannten Kleinverlagen. Kein Problem, wenn du es nicht darauf anlegst, von mehreren tausenden Menschen gelesen zu werden. Wovor du dich allerdings in acht nehmen solltest, wenn du dein kostbares Manuskript an einen Verlag schickst, sind die sogenannten Druckkostenzuschussverlage, meist kurz DKZV genannt. Informationen darüber findest du im Internet, deshalb möchte ich an dieser Stelle nicht darauf eingehen.
Du hast also einen Roman geschrieben und möchtest ihn gern veröffentlichen, am liebsten im einem der großen Verlage. Was kannst du tun? Denn es ist schließlich keine Glückssache und nicht nur eine Frage des Talents, wessen Bücher veröffentlicht werden und welche nicht.

Hier ein zwei Beispiele, wie andere Autoren es zur Veröffentlichung geschafft haben und die dir zeigen sollen: der Traum vom eigenen Buch muss kein Traum bleiben!

„Bücher waren schon seit meiner Kindheit etwas Besonders für mich. Schnell träumte ich davon, Schriftstellerin zu werden. Bereits im Alter von acht Jahren habe ich mir die ersten Geschichten ausgedacht, sogar kleine Hefte habe ich gebastelt, illustriert und verkauft. Das Lesen blieb, doch mein beruflicher Weg führte mich erst einmal in eine andere Richtung. Ich machte eine kaufmännische Ausbildung und habe eine Weile im Büro gearbeitet. Nach der Geburt meiner Kinder, fand ich langsam zum Schreiben zurück. Erst waren es Kindergeschichten, doch schnell reifte in mir die Idee, es mit einem richtigen Roman zu versuchen – mit einem historischen Roman. Ich hatte keine Ahnung von Verlagen, Agenturen und der ganzen Buch Welt dort draußen. Sogar auf einen kleinen Betrugsladen bin ich anfangs hereingefallen, was ich bis heute bereue. Doch ich habe nicht aufgegeben und es gab Menschen, die mir geholfen haben. Dazu gehörte ein lieber Freund, Übersetzer und Agent in München, der an meine Geschichte geglaubt und mir immer wieder Tipps zum Schreiben gegeben hat.

Dieser Roman war mein persönlicher Kampf, jeden Tag aufs Neue. Immer wieder neu schreiben, überarbeiten, erneut schreiben, überarbeiten, lesen, recherchieren und wieder überarbeiten. Ich lernte, was Füllwörter waren, wie man verdichtet, den roten Faden hält, einen Spannungsbogen aufbaut.
Ohne Handwerk kein Buch, ohne Talent und das Gespür für eine gute Geschichte kein spannender Roman. Es ist verdammt harte Arbeit. Durch einen Zufall wurde ich auf meine jetzige Agentur in Berlin aufmerksam, die viele historische Romane anbietet und verkauft. Dort wurde ich angenommen, was für mich an ein Wunder grenzte. Den Moment, als die Zusage von Droemer/Knaur kam, werde ich in meinem ganzen Leben nicht vergessen. Endlich darf ich das sein, was ich seit meiner Kindheit sein wollte, wovon ich immer träumte: Eine Schriftstellerin."

Nicole Steyer, Die Hexe von Nassau und Das Pestkind

„Schon als Kind habe ich gerne gelesen, mir Geschichten ausgedacht und sie sogar aufgeschrieben. Natürlich nur für mich, weil es viel zu peinlich gewesen wäre, hätte es jemand anderes gelesen. Allerdings genügte es mir nicht, viele Ideen und Spaß am Schreiben zu haben. Ich begann ein Fernstudium, um das Handwerk eines Schriftstellers zu erlernen. Nachdem ich meinen ersten historischen Roman fertigstellte, wollte ich herausfinden, wie andere ihn finden. Ich schrieb Verlage an und kassierte eine Absage nach der anderen. Jede davon riss mich in ein tiefes Loch. Über ein Internetforum für Autoren fand ich Gleichgesinnte. Wir begannen uns gegenseitig Mut zu machen. Eine Autorenkollegin machte mich auf einen Verlag aufmerksam, den ich anschrieb. Nach Jahren der Ablehnungen, konnte ich endlich einen Erfolg verbuchen. Ein Verlag wollte tatsächlich meinen Roman veröffentlichen. Darauf warte ich aber bis heute. Trotz des Reinfalls wurde mir das Schreiben zur Leidenschaft und ich suchte weiter.
Seit 2008 veröffentliche ich beim Dryas Verlag historische Romane. Obwohl ich bisher nur kleine Erfolge erzielte, schmälert es nicht den Stolz, den ich dabei empfinde, eine meiner Geschichten als Buch in den Händen zu halten. Der Lektor eines bekannten Verlages gab mir (nach seiner Absage) einen Ratschlag, den ich mir zu Herzen nahm: „Nicht resignieren, immer weiter machen." Vor kurzem habe ich eine Literaturagentur gefunden, die mich vertritt, denn eines möchte ich niemals aufgeben: Romane schreiben.

Martina Frey, Die Tochter eines Arztes und Das Brunnenmädchen

Du siehst, mit Talent, Beharrlichkeit und dem berühmten Quäntchen Glück ist es möglich, sein Buch bei einem renommierten Verlag zu veröffentlichen. Und selbst, wenn du es nicht schaffst, bei einem der großen zu landen – es gibt viele kleine Verlage, bei denen dein Manuskript vielleicht eine Chance bekommt.
Oder hast einen anderen Traum, glaubst jedoch, er wird an den Umständen scheitern?
Mich hat damals unter anderem der Werbeslogan von Toyota motiviert, an meinem Traum festzuhalten: Nichts ist unmöglich!
Oder – wie schon Jesus zu seinen Anhängern sagte: „Alles ist möglich, dem der glaubt!" Dies gilt sicherlich nicht nur für gläubige Christen, sondern auch für jeden Menschen, der an seinen Traum und an sich selber glaubt. Zahlreiche „Wunderheilungen", die medizinisch nicht erklärbar sind, zeugen davon.

„Tu zuerst das Notwendige, dann das Mögliche und plötzlich schaffst du das Unmögliche."
Franz von Assisi

„Um erfolgreich zu sein, müssen wir zuerst daran glauben, Erfolg haben zu können."
Michael Korda

Erinnerst du dich an die Überschrift dieses Kapitels?
Sie lautet Erfolg – Auch du kannst es schaffen!

Und ich behaupte noch mehr, nämlich: Erfolg steht dir zu! Nicht nur den anderen, die du vielleicht insgeheim um das, was sie in ihrem Leben erreicht habe, beneidest. Möglicherweise haben diese Menschen einmal genauso wie du gedacht, haben gezweifelt, dass aus ihrem Traum jemals etwas wird. Waren vielleicht irgendwann kurz davor, aufzugeben.
Auch dir steht es zu, Erfolg zu haben. Kein Mensch ist dazu verurteilt, als Loser durchs Leben zu gehen, auch, wenn die Ausgangsposition wenig vielversprechend aussehen mag. Selbst aus einfachsten, manchmal ärmlichen Verhältnissen haben es Männer und Frauen geschafft, erfolgreich zu werden in dem, was sie taten. Die Schriftsteller Karl May, Charles Dickens, Jack London, Dean Koontz sind nur ein paar, die es aus ärmlichen Verhältnissen zum Erfolg geschafft haben, ebenso wie Weltstars der Musik oder des Films wie

Johnny Cash, Elvis Presley, Ray Charles, der kürzlich verstorbene Joe Cocker, Demi Moore, Jim Carrey, Leonardo DiCaprio und viele andere. Keinem von ihnen wurde der Erfolg in die Wiege gelegt, aber alle hatten einen Traum, den sie beharrlich verfolgten, an den sie glaubten und der deshalb irgendwann in Erfüllung ging.

Du kannst bei so ziemlich allem, was du tust, erfolgreich sein, ob es sich nun um Beziehungen zu anderen Menschen handelt, um dein Hobby oder um dein Berufsleben. Nichts und niemand außer du selbst, kann dir dabei im Wege stehen.
Wieder so ein kluger Spruch? Wieder so eine Behauptung, die schon viele Male widerlegt wurde?
Es kommt immer darauf an, was Erfolg für dich bedeutet. Und selbst, wenn es mit der Verwirklichung eines Traums und dem Erreichen eines Ziels wirklich niemals klappen sollte, hast du es doch immerhin versucht. Auch das ist schon ein Erfolg. Und es bleibt dir immer noch die Möglichkeit, dir ein anderes Ziel auszusuchen und daran zu arbeiten, es zu erreichen! Wichtig ist, den Gedanken und Träumen die entsprechenden Taten folgen zu lassen, damit dein Traum keine Vision bleibt, sondern Wirklichkeit wird. Denn Erfolg im Leben hat sehr wenig mit Glück zu tun, sondern mit Zielstrebigkeit.

Wäre es vielleicht schon ein Erfolg für dich, nicht mehr krank zu sein?
Dann wünsche dir Gesundheit, Affirmiere Wohlbefinden!

Dabei geht es nicht darum, die Krankheit zu leugnen, sondern deine Selbstheilungskräfte zu aktivieren. Du sprichst von Gesundheit, nicht davon, krank zu sein. Visualisiere dich als gesunder Mensch, stell dir vor, gesund und heil zu sein. Wenn du an deine Gesundheit glaubst, aktiviert das deinen Körper, seine Selbstheilungskräfte zu mobilisieren. Ich habe es selbst erlebt, wie nach Gebet über Nacht ein juckendes Ekzem verschwand! Ein anderes Mal passierte dasselbe mit einem überaus schmerzenden Fersensporn!

Hier ein paar Affirmationen, bewusst formulierte positive Gedanken, die dir helfen sollen, deine Wünsche und Ziele zu erreichen

Alles, was ich brauche, um erfolgreich zu sein, ist bereits in mir.
Erfolg steht mir zu!

Ich erkenne in allem das Gute und mache aus allem das Beste.

Wo wir gerade über Affirmationen zum Thema Gesundheit sprechen:
Es gibt auch Glaubenssätze, die dich krank machen, bzw. dafür sorgen können, dass du nicht gesund wirst.

Die folgenden Sätze gehören dazu:

Es geht mir nicht gut!
Ich bin müde und schlapp.
Bestimmt werde ich krank!
Ich bekomme ganz bestimmt einer Erkältung.

Du solltest also nie deine Glieder-, Hals- oder Kopfschmerzen oder andere Symptome „abbestellen", sondern deinen Wunsch positiv formulieren, etwa mit diesen Worten:

Meinem Kopf (oder Hals) geht es gut, ich fühle mich wohl.

Für meine Gedanken & Erkenntnisse zum Kapitel

Erfolg – Auch du kannst es schaffen!

Träumst du noch oder wünschst du schon?

Im Juli 2014 verstarb der Schauspieler, Moderator, Talkmaster, Schriftsteller und Regisseur Dietmar Schönherr nur ein Jahr nach seiner Frau Vivi Bach. Gemeinsam hatten sie von 1969 bis 1972 die spektakuläre TV-Spielshow Wünsch dir was moderiert, in der jeweils drei Familien aus Österreich, Deutschland und der Schweiz gegeneinander antraten. Noch heute heißt es manchmal in Anspielung auf diese Sendung: Wir sind hier nicht bei Wünsch dir was, sondern bei: so ist es!
Eine Phrase, und eine dumme noch dazu, mit der Menschen zum Schweigen gebracht werden, die bestimmte

Wünsche und Ansprüche äußern.
Warum sollen wir denn eigentlich keine Wünsche mehr haben?
Warum uns mit dem Status Quo, dem bestehenden Zustand abfinden?
Warum nicht über den Tellerrand hinaussehen und das versuchen, was wir schon lange möchten?

Ich sagte es schon: es sind die Träumer und Visionäre, die die Welt verändert und bereichert haben. Dietmar Schönherr war nicht nur ein Medienprofi, er engagierte sich seit den achtziger Jahren in Nicaragua für soziale und kulturelle Projekte und veränderte damit das Leben vieler Menschen.
Menschen, die etwas erreichen, sind die, die sich nicht mit ihrem Leben abfinden, wie es nun mal ist, sondern vorangehen und umsetzen, was ihnen am Herzen liegt.

Du hast einen Traum?

Einen Wunsch, den du vielleicht bisher noch niemanden verraten hast?
Ja, sagst du, den habe ich. Aber was könnten die Leute denken, wenn ich ihn ausspreche und versuche, zu realisieren?
Dieser Gedanke ist ein Motivationskiller! Wenn dir die Reaktion der Leute wichtiger ist, als die Erfüllung deines Herzenswunsches, dann habe ich eine schlechte Nachricht für dich: Du wirst dein Ziel mit großer Wahrscheinlichkeit nie erreichen!

An dieser Stelle kannst du das Buch zuklappen und bei Ebay versteigern oder auf dem Flohmarkt verkaufen. Schade, dass du das Geld dafür ausgegeben hast. Ich wünsche dir alles Gute!

Du bist noch da?

Schön! Das heißt, du willst es versuchen. Hoffe ich jedenfalls. Denn jetzt wird's erst richtig spannend.
Ich komme nämlich jetzt auf die Überschrift dieses Kapitels zurück.

Du hast einen Traum?

Egal, was es ist, wünsche es dir doch einfach!

Wünschen?, fragst du jetzt vielleicht – wie soll das funktionieren?
So einfach kann es ja wohl nicht sein.
Doch, ist es. Das Wünschen an sich ist nicht das Problem, sondern die Erfüllung zu erleben. ;-)
Doch seit das Gesetz der Resonanz entdeckt wurde, nach dem Gleiches immer Gleiches anzieht, scheint es für manche Menschen kaum noch Grenzen zu geben.
Worum geht es genau?
Sicher kennst du das Sprichwort „Wie man in den Wald hineinruft, so schallt es auch zurück."
Dieser Spruch beschreibt in etwa das Gesetz der Resonanz oder Anziehung, wie einige es nennen. Jeder von uns ruft ständig irgendetwas „in den Wald hinein", also in die Welt um uns herum, ob nun bewusst oder unbewusst. Das sind sowohl Worte, als auch Taten. Nichts davon – so die These des Resonanzprinzips – bleibt ohne Wirkung auf uns selber. Anders gesagt: was uns geschieht, ist die Auswirkung dessen, was wir irgendwann gesagt oder getan haben. Im Grunde ist es das, was der Buddhismus als Karma bezeichnet – das Gesetz von Ursache und Wirkung. Ich strahle etwas aus oder suche nach etwas. Mit manchem, was mir begegnet, trete ich in Resonanz, bin ich auf einer „Wellenlänge" – oder eben nicht. Du kannst es dir so vorstellen wie bei einem Radio, dessen Empfänger nur auf UKW eingestellt ist. Du kannst noch so viel an den Knöpfen drehen, du wirst keinen Sender empfangen, der auf Mittelwelle sendet. So ist es auch beim Gesetz der

Anziehung. Wie die Wellen, die ein Radiosender aussendet, sind auch deine Gedanken Energiewellen, die Schwingungen erzeugen und andere Schwingungen anziehen, wenn sie zueinander passen.
Wenn sich deine Gedanken nur um Negatives drehen, wirst du nichts Positives aufnehmen. Ich habe einen jungen Mann vor Augen, der genau das erlebt. Fast ständig sind seine Gedanken mit dem beschäftigt, was in seinem Leben schief gelaufen ist und was ihn immer wieder herunterzieht. Manchmal rutscht er regelrecht in Depressionen ab. Ihn in solchen Augenblicken mit etwas Positiven zu erreichen, ist so gut wie unmöglich.
Jeder von uns unterliegt diesem Gesetz, ob wir es wollen oder nicht. Wir ziehen das in unser Leben hinein, das wir mit unseren Gedanken und Taten aussenden.
Wer ständig über diese Welt nörgelt, wird immer etwas finden, was ihn aufregt und nebenbei gesagt für seine Mitmenschen sehr schnell zu einem unangenehmen Zeitgenossen. Wer dagegen Freude am Leben empfindet und andere Menschen interessant findet, wird immer wieder neue Menschen findet, die ähnlich denken. Fröhliche, zugewandte Menschen treffen auf ebenfalls fröhlich, zugewandte Menschen. Es kann ja nicht anders sein, denn Gleiches zieht Gleiches an.
Du siehst, das Gesetz der Resonanz ist keine theoretische Idee oder esoterische Geschichte, die keinerlei Hand und Fuß hat, sondern beweist sich dadurch, dass es funktioniert.

Was empfängst du ganz bewusst?

Zum Beispiel durch das Medium Fernsehen? Bei manchen Menschen läuft die „Flimmerkiste" fast den ganzen Tag. Ich denke an eine frühere Kollegin, deren Mann oft noch bis spät in die Nacht arbeiten musste. Sie hatte sich angewöhnt, den Fernseher einzuschalten und laufen zu lassen – stundenlang. „Dann bin ich nicht so allein", erklärte sie mir. Zum Lachen? Nein, eher traurig. Denn abgesehen davon, dass das Fernsehprogramm kein Ersatz für menschliche Gesellschaft ist, sind die meisten Sendungen, ein Dieb, der uns das kostbarste stiehlt, das wir besitzen – unsere Zeit. Und – mindestens genauso schlimm – wir setzen uns durch die ständige Berieselung Einflüssen aus, die nicht gut für uns sind. Zugegeben, ich gehöre auch zu denen, die der Meinung sind, man müsse wenigstens einmal täglich darüber informiert sein, was auf der Welt geschieht. Doch ist es wirklich so wichtig, zu erfahren, dass wieder mehrere Dutzend Menschen vor Lampedusa ertrunken sind?

Dass in einer kalifornischen Schule ein Schüler Amok gelaufen ist? Dass in Indien eine Fabrik eingestürzt ist? Ich will gar nicht noch mehr Schreckensmeldungen aufzählen.
Muss ich alles sofort erfahren, was irgendwo auf der Welt geschieht? Irgendwann werde ich sowieso davon hören oder lesen.
Womit wir uns beschäftigen, das prägt uns, prägt sich manchmal tief ein in unsere Seele und unser Gehirn. Viele Jahre hatte ich einige besonders brutale Szenen eines Kinofilms vor Augen, den ich als Jugendlicher gesehen hatte. Sie ließen sich kaum von meiner inneren „Festplatte" löschen.
Während in meiner Jugend die TV-Kommissare Derrick, Keller, Trimmel oder ihre amerikanischen Kollegen Columbo und Kojak stets einen Mord aufzuklären hatten, geben sich die Drehbuchautoren heutiger Tatort-Folgen damit längst nicht mehr zufrieden.
So brachte es der Till Schweiger-Tatort „Kopfgeld" auf 19 Tote und die Folge „Im Schmerz geboren" mit Ulrich Tukur, ebenfalls 2014 ausgestrahlt, sogar auf 47 Leichen! Müssen sich Tatort-Fans auf weitere Rekorde einstellen?
Kann eine solche Orgie der Gewalt gut für die menschliche Seele sein? Mit Sicherheit nicht! Dazu kommt, dass Psychologen und Schlafforscher vom Anschauen und der Beschäftigung mit aufwühlenden Filmen am Abend, also der Zeit, bevor wir uns zur Ruhe begeben, dringend abraten.

Mein Rat: Schalte deine persönliche FSK, deine freiwillige Selbstkontrolle ein, bevor du dir etwas ansiehst, das nicht gut für dich ist! Und sieh dir Fernsehsendungen und Kinofilme an, die dich aufbauen und motivieren. Oder lass die „Flimmerkiste" einmal aus und liest stattdessen gute, spirituelle Literatur, die deinen geistigen Horizont erweitert. Bücher wie
Die Möwe Jonathan von Richard Bach, Hermann Hesse Siddhartha,
Antoine de Sant-Exupérys Der kleine Prinz oder Bücher mit Weisheiten der amerikanischen Ureinwohner.

Deine Seele wird es dir danken!

Was sendest du aus?
Was möchtest du haben bzw. erreichen?

Beim Formulieren deiner Wünsche und Träume solltest du ganz deutlich sein und vor allem vermeiden, die Worte nicht und kein zu benutzen.
Da das Resonanzgesetz keine Person ist und deshalb nicht unterscheiden kann, könnte es dir genau das „liefern", was du ja gerade nicht mehr willst. Noch einmal: Es ist wichtig, die Worte nicht und kein aus unserer Wunschformulierung zu streichen.
Wenn du dir mehr Geld auf deinem Konto wünscht, sage nicht: Ich möchte nicht arm sein. Mit diesen Worten und Gedanken formulierst du kein klares Ziel, sondern bleibt diffus und rufst dir noch dazu jedes Mal einen negativen Zustand vor Augen: den der Armut und die Angst davor. Und die ist stärker als der Wunsch, wohlhabend zu sein. Deine Gedanken kreisen also immer wieder um Mangel oder Armut, wenn du es so formulierst. Die positive Entsprechung deines Wunsches lautet: Mein Konto ist im Plus! oder noch kühner formuliert: ich bin reich!
Beobachte dich einmal selbst: Welche Grundhaltung überwiegt, wenn du dir etwas wünscht? Eine positive oder – immer noch aus alter Gewohnheit – eine negative, verneinende?

Weitere Beispiele

Wenn du einen Job suchst, dann sage: Ich wünsche mir einen neuen Job!
Sage nicht: Ich möchte nicht mehr bei der Firma XYZ arbeiten!
Das könnte zur Folge haben, dass du tatsächlich nicht mehr bei der Firma XYZ arbeitest – und plötzlich auf der Straße sitzt.

Wenn du unter einer bestimmte Krankheit leidest, dann sage nicht: Ich will nicht mehr krank sein.
Da das Universum nicht unterscheidet, „hört" es nur krank sein. Du bleibst also krank.
Sage stattdessen: Ich will gesund werden.

Ein „Wunscherfüllungsverstärker" ist es, so zu formulieren, als hättest du das Gewünschte bereits bekommen.
Schon Jesus sagte: „Darum sage ich euch: Alles, was ihr im Gebet verlangt, glaubet, dass ihr es empfangen habt, so wird es euch zuteilwerden!"

„Ich will gesund werden!" wäre also der Wunsch. Danach fügst du an: „Ich bedanke mich, dass ich gesund geworden bin!"
Oder eben: „Ich wünsche mir einen neuen Job!" Danach bedankst du dich dafür, ihn bekommen zu haben.

Hast du deinen Wunsch bereits formuliert?
Dann kannst du ihn aussprechen. Wo du das tust, bleibt dir überlassen, doch solltest es an einem ruhigen Ort sein, wo du eine Zeit lang ungestört bist.
Wenn du noch nicht den Glauben für einen großen Wunsch hast, kannst du mit etwas Kleinem üben. Seit einiger Zeit wünscht sich meine Frau, wenn sie – statt mit der Straßenbahn zur Arbeit zu fahren, unser Auto nimmt –, einen Parkplatz in der Nähe ihres Arbeitsplatzes. Es klappt immer! Oder – gerade heute Morgen passiert – der Wunsch nach einem Einkaufswagen. Als meine Frau und ich zur Sammelstelle neben dem Supermarkt kamen, hatten wir weder einen Chip noch einen Euro, um einen der Wagen von seiner Kette zu lösen. Meine Frau ging schon ins Geschäft, während ich halbherzig mit einer anderen, kleineren Münze versuchte, den Wagen von der Kette zu lösen, natürlich ohne Erfolg. In diesem Augenblick brachte ein Kunde seinen Wagen zurück und schob ihn zu den anderen – ohne Münze oder Chip darin. Und ich hatte meinen Wagen!
Die Realisierung kleiner Wünsche stärkt den Glauben an Größeres. Klar, dein Verstand will dir einreden: Alles Quatsch, alles Einbildung. Er weiß es ja nicht besser. Schließlich war er bisher mit Überzeugungen gefüllt, die ganz anders aussahen.

Denke daran, richtig zu formulieren, wie ich oben ausgeführt habe.

Sende die richtige Botschaft aus.
Wenn du Geld brauchst – ja, auch das kann man sich wünschen – dann sende nicht Mangel aus, indem du sagst: „Ich will nicht mehr arm sein." Sage stattdessen: „Ich wünsche mir Summe XY!" und dann bedanke dich schon mal, da du davon ausgehst, dass du es bereits empfangen hast, wie Jesus sagte.
Noch einen Schritt mutiger ist es, wenn du gleich in der Gegenwartsform wünscht, also nicht „Ich wünsche mir einen neuen Job!", sondern „Ich habe einen neuen Job!"

Schreibe den Wunsch auf, am besten mit Datum.

Auf diese Weise wird er manifestiert. Leg dir ein Wunschtagebuch an, wenn du viele Wünsche hast. Wenn ein Wunsch sich erfüllt hat, notiere es dir. Sollten später Zeiten kommen, in denen dein Glaube nicht so stark ist, kannst du das Büchlein hervorholen und dir selber Mut machen, dass es bei anderen Gelegenheit bereits durchaus geklappt hat, und es kein Zufall war, dass von dir formulierte Wünsche sich erfüllten.
Weil wir gerade von Zufall sprechen: ich bin inzwischen der festen Überzeugung, dass es etwas wie Zufall nicht gibt, sondern uns Dinge zu fallen, weil wir sie durch unser Denken und Tun in unser Leben hineingezogen haben. Ereignisse, die für viele Menschen rein zufällig geschehen, sind in Wirklichkeit das Ergebnis ihrer Gedanken und Taten. Alles, was geschieht, unterliegt Gesetzen, selbst wenn wir in einen Unfall verwickelt oder krank werden. Nichts geschieht grundlos, alles hat eine Ursache.

Kürzlich fuhren meine Frau, meine Co-Autorin und ich ins Rheingau, wo wir in der Nähe von Wiesbaden im Rahmen einer mehrtägigen Veranstaltung der Autorenvereinigung, der wir angehören, eine Lesung halten sollten. Wir hatten zwei Zimmer in einer Pension gebucht. Als wir ankamen, wirkte die Wirtin zwar etwas gestresst, aber die Zimmer waren in Ordnung, und nach einer kurzen Erklärung, wann es morgens Frühstück gab und welchen Eingang wir abends benutzen sollten, machten wir uns auf zur ersten Veranstaltung.
Am nächsten Morgen freuten wir uns auf Kaffee und Brötchen und setzten uns in zu dritt in den noch leeren Frühstücksraum. Frau L., die Pensionswirtin, brachte Kaffee und fing sofort an, zu erzählen. Und wir gingen wohl etwas zu sehr auf die gute Frau ein. Das führte dazu, dass sie beschloss, die nächsten 60 Minuten bei uns zu verbringen. Ursache und Wirkung, du erinnerst dich? „Ich setz mich mal zu Ihnen und trinke meinen Kaffee mit Ihnen", meinte sie und erzählte weiter. Von ihrem kranken Lebensgefährten, von den Hotels am Ort, die sich ja eigentlich kaum Hotel nennen durften, da sie nur wenige Zimmer hätten, und dass ihre Pension ja viel besser sei. Außerdem habe sie nicht nur ein Haus, sondern mehrere. So ging es etwa eine Dreiviertelstunde, bis wir uns verabschiedeten und unser geplantes Programm angingen.
Am nächsten Morgen geschah dasselbe. Unsere Wirtin setzte sich unaufgefordert zu uns und erzählte aus ihrem Leben, von ihrem Haus in Spanien, das sie wegen der vielen Arbeit allerdings kaum nutzen konnte, von

ihrem Lebensgefährten, der nicht ins Flugzeug stieg, der aber immer ihre Steuererklärung machte, von den Vorzügen ihrer Pension usw.
Wir waren genervt. Unser Frühstück hatten wir uns anders vorgestellt. Und so wünschte ich mir für den nächsten Morgen, dass Frau L. sich diesmal nicht an unseren Tisch setzen würde, sondern anderes zu tun hätte.
Am folgenden Tag – wir waren ziemlich spät ins Bett gekommen und noch etwas müde – kamen im Minutentakt neue Gäste in den Frühstücksraum. Unsere mitteilsame Wirtin hatte alle Hände voll zu tun, sodass sie gar nicht dazu kam, auch nur einen längeren Satz mit uns reden!
Auch ein zweiter Wunsch wurde uns an diesem Tag erfüllt: der nach einer unfall- und staufreien Rückreise. Gegen Mittag brachen wir auf. Wir hatten freie Fahrt, während wir bald schon auf der Gegenfahrbahn in den Süden einen Stau entdeckten, der laut Verkehrsnachrichten elf Kilometer lang war. So gewöhnen meine Frau und ich uns an, das Wünschen immer mehr zu einem Teil unseres Alltagslebens werden zu lassen, unter anderem, bevor wir zur Tankstelle fahren. Da wird dann eben gewünscht, dass wir zu einem bestimmten Benzinpreis tanken können. Auch das klappt. Nicht immer, aber immer öfter.

Um den Glauben an die Erfüllung nicht schwächer werden zu lassen oder ganz zu verlieren, hilft es, sich auszumalen, wie dein Leben aussieht, wenn dein Wunsch oder Traum wahr geworden ist. Dies geschieht durch Visualisierung. Du stellst dir vor, wie du das neue Haus oder die neue Wohnung einrichtest. Du überlegst dir schon mal, wie es sein wird auf dem Kreuzfahrtschiff, mit dem du durchs Mittelmeer fährst. In meinem Fall ist es eine Hurtigrutenreise, die meine Frau und ich in spätestens drei Jahren machen möchten. Du hängst dir ein Bild des neuen Autos, das du gern fahren möchtest, an die Pinnwand und stellst dir vor, wie es sein wird, darin zu sitzen.
Ein Gedanke kann sehr mächtig sein. Lasse deine Wünsche vor deinem inneren Auge Revue passieren, stell dir das Gewünschte genau vor – so, als ob es bereits Wirklichkeit wäre – und dann lass diesen Gedanken los und konzentriere dich wieder auf deinen Alltag. Wenn die Zeit reif ist, wird dein Wunsch in Erfüllung gehen. Deshalb verkrampfe dich nicht, bleibe gelassen und bedanke dich von Zeit zu Zeit für das, was zwar jetzt noch nicht sichtbar ist, aber zu gegebener Zeit Realität in deinem Leben sein wird.

Gregg Braden schreibt in seinem hochinteressanten Buch Der Realitätscode: „Im Augenblick unseres ersten Atemzugs erfüllt uns die größte Kraft des Universums – die Kraft, die Vorstellungen unseres Geistes in die Wirklichkeit unserer Welt zu bringen." Wenn wir diese Kraft voll entwickeln wollen, so der Autor weiter, müssen wir jedoch unsere bisherigen Glaubensvorstellungen und Überzeugungen verändern.

An dieser Stelle möchte ich dir auch die Bücher von Pierre Franckh Erfolgreich wünschen, Wünsch es dir einfach – aber mit richtig! und Wünsch es dir einfach – aber mit Leichtigkeit! empfehlen.
Der Autor erklärt – garniert mit vielen Beispielen seiner Leser – wie das Gesetz der Resonanz funktioniert, das auch mir half und immer noch hilft.
Doch auch ohne die beschriebenen Prinzipien zu kennen, hat schon so mancher erlebt, wie sich Wünsche erfüllten und Träume wahr wurden.

Hier zwei Geschichten, die meine Frau erlebte:

„Vor Jahren, als unsere Kinder noch klein waren, wünschte ich mir sehnlichst einen Garten. Ich komme aus einem Dorf, und vermisste ein Stückchen Land. Ich wollte gern Tomaten und anderes Gemüse ziehen. Die Kinder könnten dort spielen, es wäre herrlich. Ich betete und hoffte auf einen Garten. Schließlich erfuhr ich von einer befreundeten Nachbarin, dass ihre Vermieterin Gartenanteile verpachtete. Völlig überzeugt, dass die Antwort nahe war, meldete ich mich und musste erfahren, dass die Dame noch gar nicht wusste, ob sie noch weitere Gartenanteile verpachten wollte. Mir sank der Mut. Was, wenn sie nun nicht verpachten wollte?
Ich wünschte es mir so sehr. Dieser Gedanke hatte mich so im Griff, ich dachte an nichts anderes. Es ließ mich nicht los, aber die gute Frau entschied sich einfach nicht. Immer wieder wurde ich hingehalten. Schließlich verabschiedete ich mich von meinem Gartenwunsch, und dachte, dass es wohl Wichtigeres gäbe als immer nur an den Garten zu denken. Ich „hing" also nicht mehr an dem Garten gedanklich fest, sondern hatte es geschafft, loszulassen.

Wenige Wochen später hatte ich ihn, meinen Garten. Die Vermieterin hatte sich entschieden und uns den Gartenanteil gegeben. Die Kinder spielten mit ihren Freunden im Garten, und ich zog glücklich Tomaten, Zwiebeln und Bohnen. Erst als ich es fertig brachte diesen Herzenswunsch loszulassen, erfüllte er sich.

Es ist schon einige Jahre her, da wünschte ich mir einen anderen Arbeitsplatz. Ich hatte Qualifikationen und diverse Fortbildungen absolviert, war also gut gerüstet für neue Aufgaben. Meine Bewerbung kam gut an, ich sollte mich vorstellen. Dann aber musste der Leiter dieser Dienststelle mir mitteilen, dass Gelder gestrichen wurden und deshalb keine neuen Mitarbeiter eingestellt werden konnten.
Na ja, das hat dann nicht geklappt.
Vielleicht war es noch nicht dran. Jahre später, ich hatte einen Burn-out hinter mir und befand mich in einer Ausbildung, die bald endete. Kurz vor der Abschlussprüfung wurden uns Stellenangebote vom Schulleiter mitgeteilt. Mein gewünschter Arbeitgeber suchte Mitarbeiter. Mehrere Mitschüler bewarben sich und natürlich rief auch ich dort an und wurde zum Vorstellungsgespräch gebeten. Ja, ich bekam die Stelle, zunächst befristet für ein Jahr. Dann wurde der Vertrag verlängert. Ich war aber noch nicht da, wo ich sein wollte. Ratlos dachte ich: „Wenn das bis zur Rente weiter so geht, muss ich es entweder ertragen oder noch mal auf Suche gehen". Im Rahmen einer hausinternen Fortbildung bekam ich ein Angebot, innerhalb des Unternehmens zu wechseln. Zunächst etwas misstrauisch, ob dies Angebot ernst gemeint war, zögerte ich, doch dann wurde ich nochmals angesprochen. Ich bewarb mich, bekam die Stelle und einen unbefristeten Vertrag und mehr Geld. Heute bin ich ziemlich genau an der Stelle, wo ich sein wollte und bin sehr dankbar dafür."

Hier weitere Geschichten aus meinem Bekannten- und Freundeskreis, wie Wünsche sich – manchmal ganz unverhofft – erfüllten.

„Als Büblein im Kindergartenalter muss ich meine Uroma arg genervt haben. Ich verfolgte sie mit meinem großen roten Märchenbuch. Es genügte mir nicht, die herrlich bunten Bilder zu bestaunen. Ich wollte unbedingt wissen, was die eng mit Buchstaben bedruckten Seiten zu vermelden hatten, aus der Welt der Zwerge und Riesen, der Feen und Geister, der Hexen und Drachen.

Als ich endlich zur Volksschule gehen durfte, erlernte ich mit Eifer – nicht besonders schnell – die Kunst des Lesens. Und ich stürzte mich mit Begeisterung auf die Romane Karl Mays. Ich begleitete Old Shatterhand und Winnetou auf ihren Streifzügen durch den „Wilden Westen".

Ein Wunsch entwickelte sich, wuchs und gedieh: So wollte auch ich Nordamerika bereisen, tapfer für die Rechte der Indianer eintreten und Landräuber vertreiben. 1963 wurde dieser Wunsch teilweise wahr. Mein Vater unterrichtete ein Jahr an einer High-School in Michigan, ein Jahr lebten wir – meine Eltern, mein Bruder und ich – im Dörfchen Stevensville am Michigansee. Mein Vater hatte ein üppiges Reiseprogramm ausgearbeitet. Und so waren wir insgesamt einige Monate auf Achse, kamen in jeden Staat der USA, auch in den Yellowstone Nationalpark, den ich ja schon aus einigen Werken Karl Mays kannte. Der Park dient ja in Mays Der Sohn des Bärenjägers als Kulisse für den spannenden Showdown. Auch in Mays Winnetou III führt der herrlich fabulierende Sachse uns Leserinnen und Leser in den Yellowstone Nationalpark.

Vor Ort in Amerika musste ich deprimiert erkennen, dass Karl Mays pessimistische Sicht der Zukunft der Ureinwohner Nordamerikas den traurigen Tatsachen entsprach. Und meine kindlichen Fantastereien von einer heldenhaften Rettung „der" Indianer verschwanden aus meiner großen Wunschliste. Auch meine Hoffnung, wie einst Karl May Abenteuer zu erleben und weltweit Begeisterung mit meinen Berichten in Buchform auszulösen, sie platzte wie eine Seifenblase in der Gluthitze Arizonas. Ich war realistisch genug, meinen kindlichen Traum, Karl Mays Spuren zu folgen, aufzugeben. Musste ich doch realisieren, dass Karl May seine Abenteuerreisen geschrieben hatte, ohne je die Heimat zu verlassen. Freilich wuchs damit meine Bewunderung für Karl May, für seine große Fantasie, für sein schriftstellerisches Können.

Und ich wollte weiterhin Schriftsteller werden. Diesen Wunsch gab ich nicht auf. Dann fiel mir 1968 ein fantastisches Buch in die Hände.

Erich von Dänikens Erinnerungen an die Zukunft. 1969 folgte Dänikens Zweitling, Millionenbestseller wie sein erstes Opus. So wuchs und wuchs ein Wunsch in meinem Herzen. Ich wollte – wie Erich von Däniken – die Welt bereisen und über die großen Geheimnisse unseres Globus berichten, über die Pyramiden Ägyptens, die Karl May hochbetagt besuchte, über die mysteriösen Südsee-Ruinen Nan Madol, über die Osterinselkolosse und die Pyramiden Mexikos. Eine Verwirklichung dieses scheinbar mehr als vermessenen Wunsches schien mehr als unrealistisch zu sein, als ich (nach einer „Ehrenrunde" in der 11. Klasse des Gymnasiums) Abitur machte, als ich evangelische Theologie studierte und als ich (nach abgebrochenem Studium) für eine kleine Presseagentur zu schreiben begann.

Mein Wunschtraum aber blieb, ja er wuchs, wurde zu einer wirklichen Sehnsucht. Die Eltern und gute Freunde rieten mir zu einem seriösen Beruf. Irgendwann – und sei es als Rentner oder Pensionär – würde ich schon die Welt bereisen können. Womöglich Jahrzehnte auf die Erfüllung meines Wunschtraums wollte ich aber auf keinen Fall warten. Nun bin ich kürzlich 60 geworden.

In der Schule des Lebens habe ich so manche Lektion gelernt. Die wichtigste aber war: Wünsche dürfen ruhig scheinbar vermessen anmuten, sie können aber trotzdem wahr werden. Sicher, man kann zum Beispiel Lotto spielen und auf den Sechser mit Superzahl hoffen. Dass sich so ein Wunsch erfüllt, das ist nach der Statistik sehr, sehr unwahrscheinlich. Sehr viel realistischer ist es, realistischere Wünsche nicht aufzugeben und sich ihrer Erfüllung Schritt für Schritt zu nähern.

Dann kann es durchaus sein, dass man sein Traumziel tatsächlich erreicht, wenn man sich geduldig und beharrlich auf die Reise macht. Aus eigenem Erleben weiß ich: Auch der Weg zur Wunscherfüllung ist eine lohnenswerte Reise und bringt glückliche Momente.

Mein größter Wunsch, den ich schon 1968 hegte, ist in Erfüllung gegangen: Ich habe in den vergangenen Jahrzehnten so gut wie alle Länder besucht, von denen ich einst nur geträumt habe – von Ägypten bis Vanuatu in der Südsee. Und wenn ich mir dann und wann mal einen Karl-May-Film gönne, erkenne ich Orte wieder, die ich selbst besucht habe. Ein besonders schönes Beispiel ist die Ruinenstadt von Machu Picchu, 2400 Meter hoch in den peruanischen Anden gelegen. Hier entstanden Aufnahmen für den Karl-May-Film Das Vermächtnis des Inka.

Mag ja sein, dass manchmal erfüllte Wünsche enttäuschen. Bei mir war das anders. Ich bin einfach glücklich und dankbar, dass in Erfüllung ging, was ich schon als Kind und Jugendlicher ersehnt habe. Vielleicht empfinde ich das gerade deshalb als echtes Glück, weil es mich sehr viel Arbeit und Mühe gekostet hat, ans Ziel meiner Wünsche zu gelangen."

Walter-Jörg Langbein, Autor, Das Sphinx-Syndrom, Bevor die Sintflut kam, Brot und Wein – Gesund essen mit der Bibel, Die Geheimnisse der sieben Weltreligionen, Die großen Rätsel der letzten 2500 Jahre uva

Manche Wünsche gehen zwar in Erfüllung, doch ist das leider noch keine Garantie, dass immer alles so schön bleibt, wie erhofft.

Anke aus Hamburg erzählt: „Ich habe mir nach meiner Scheidung einen Partner gewünscht, der mich so nimmt, wie ich bin und nicht, wie ich sein sollte. Da man mich nicht normen kann.

Während eines Urlaubs in Schweden lernte ich am Strand eine Gruppe Menschen in meinem Alter kennen. Diese waren ganz erpicht darauf, zu erfahren, was ich denn gerade so intensiv lese. Keiner hatte sich so recht getraut, da stand auf einmal ein Mann vor mir und überreichte mir einen gegrillten Maiskolben und einen leckeren Kartoffelsalat. So perplex wie ich war, so sehr freute ich mich. Als ich das Geschirr zurück brachte und mich nett auf Schwedisch bedankte, war das Erstaunen groß.
So kam man ins Gespräch, wie denn eine Deutsche zur schwedischen Sprache kam, ich erhielt das Rezept für den Salat und dann fragte mich einer, was ich denn lese. Während meines Aufenthalts trafen wir uns alle öfter, und ich bekam eine exclusive Stadtführung, die so in keinem Reiseführer stand. Als ich heim musste, versprach man sich zu schreiben. Zwei hielten sich an das Versprechen, und der Mann, der mir das Essen gebracht hatte, wurde ein guter Freund und später ein guter Partner. Leider nahm der Tod mir diesen Mann vor drei Jahren, sonst würde ich jetzt in Schweden leben, denn wir wollten zusammenziehen. Leider ist daraus nichts geworden. Im Februar 2012 war ich das letzte Mal in Schweden, zu seiner Beerdigung.
Stück für Stück hat sich damals mein Wunsch nach einem Partner erfüllt, der mich nimmt, wie ich bin. Nur leider sollte es nicht von Dauer sein."

Manche Kinderträume brauchen sehr lange, bis sie in Erfüllung gehen. „Als Siebenjährige hatte ich zwei Lebensträume: Ich wollte Primaballerina oder Schriftstellerin werden. Ersteres scheiterte, aber mein größerer Traum hat sich erfüllt."
Iris K., Autorin

„Schon als Kind bedeutete mir klassische Musik sehr viel, ganz besonders Werke von Komponisten, wie z. B. Bach, Händel, Vivaldi, Mozart, Haydn und Beethoven. Ich war mit diesem Interesse eine Außenseiterin in

meinem Freundeskreis, denn meine Freunde und Freundinnen interessierten sich ausschließlich für Populärmusik. Bald entstand in mir auch der Wunsch, selbst zu musizieren und ich fing mit dem üblichen Blockflötenspielen an. Meine Eltern förderten mich auch dahin gehend, dass sie eine intensive Ausbildung an der Musikschule finanzierten wollten. Doch leider hatten sie andere Vorstellungen als ich.
Ich wünschte mir nichts sehnlicher als ein Klavier, ein Cello oder eine Violine. Doch ich bekam eine Konzertgitarre und ein Akkordeon. So erlernte ich diese beiden Instrumente zunächst mit Widerwillen, doch später fand ich Gefallen daran, denn auch mit ihnen konnte ich klassische Musik spielen. Und ich hatte schon als Kind meine ersten Erfolge bei kleinen und größeren Auftritten und Wettbewerben.
Als ich dann konfirmiert wurde, bekam ich von einer Großtante eine Querflöte geschenkt und auch darin nahm ich mehrmals in der Woche Unterricht, spielte das Soloinstrument auch bei Auftritten einer Laienmusikgruppe. Aber immer noch hatte ich den Traum Klavier und Violine spielen zu können. Als ich fünfzehn Jahre alt war, erfüllte sich mein Traum endlich. Ein hochbetagter Herr, der keine Familienangehörigen mehr besaß und zum Bekanntenkreis meines Vaters gehörte, war gestorben. Seine Bücher und Schallplatten hatte er meinem Vater vermacht, aber seine uralte Geige bekam ich.
Darauf hatten schon seine Mutter und deren Vater gespielt. Ich wollte zunächst gar nicht darauf spielen, weil ich die Befürchtung hatte, dass das weit über 100 Jahre alte Instrument zu empfindlich sein würde, um die verschiedenen Spieldynamiken auszuhalten, aber das Instrument erwies sich als erstaunlich robust und ich war sehr glücklich über das Geschenk und erlernte bei einem Privatlehrer dann das Violinenspiel.
Ich hatte natürlich auch den Traum, Musik zu studieren.
Da meine Eltern jedoch der Meinung waren, dass Musiker nur „von der Hand in den Mund leben", erlernte ich nach dem Abitur zunächst zwei Berufe, in denen ich zwar sehr gut verdiente, aber nicht glücklich war. Inzwischen hatte ich von einer Großtante ein Klavier geerbt, das vom Platz her gerade noch so in meine erste eigene 1 1/2 Zimmer – Wohnung passte. Aber eines Tages war es soweit. Ich hatte mir Geld zusammengespart, um erstmal auf längere Sicht meine Miete bezahlen zu können, nahm jede Menge Aushilfsjobs an und konnte nach einem Auswahlverfahren endlich Musik studieren.
Als Musiklehrerin an einer örtlichen Musikschule habe ich lange gearbeitet, bis ich mich vor 15 Jahren freiberuflich niederließ. Und damit hat sich ein großer Kindheitswunsch erfüllt. Ich bringe Kindern, Jugendlichen und Erwachsenen verschiedene Instrumente bei. Das Alter reicht von 5 bis 81 Jahren und ich bin glücklich

darüber, wenn andere Menschen mit mir die Freude am Musizieren teilen. Natürlich kann ich durch diese Arbeit, finanziell gesehen, nicht reich werden, aber ich habe damit zu innerem Reichtum gefunden. Gerade wenn ich durch ehrenamtliche Auftritte alten und kranken Menschen eine Freude machen kann, weiß ich, dass ich beruflich alles richtig gemacht habe."

Sabine B., Musiklehrerin

Auch Manuelas zwei größte bisherige Wünsche erfüllten sich:
„Mein größter Wunsch war es immer, einmal Delfine in freier Wildbahn zu sehen. Dieser hat sich letztes Jahr im Urlaub erfüllt und es war so toll!
Ein weiterer Wunsch war, zu heiraten und Kinder zu bekommen. Die Hochzeit wird nächstes Jahr sein und der Rest ergibt sich dann bestimmt von allein!"

„Mein Weg zur richtigen Wohnung war steinig und lang", schreibt mir Elisabeth aus Wien. „Gleich drei Ereignisse waren notwendig. Zum besseren Verstehen: Ein Elternhaus habe ich nur kurz kennengelernt. Danach bin ich bei Verwandten untergekommen. Das war zwar nicht übel, aber eben kein Elternhaus. Ich bin sehr jung aus meinem Kinderzimmer ausgezogen, um nicht zu sagen geflüchtet. Aber irgendwann hatte ich die – in meinen Augen völlig überzogenen – Vorschriften („Du musst aber schon immer rechtzeitig Bescheid geben wenn Du zum Abendessen nicht da bist") und Einschränkungen (nie durfte ich bestimmen, was im TV geschaut wird, „Männerbesuch" – Oh mein Gott, das geht gar nicht) satt. Zwar war ich erst 17, hatte aber erfolgreich eine dreijährige Handelsschule absolviert, ging schön brav arbeiten und trug sogar zum Haushaltsgeld bei.
Die ständigen Debatten über banale Dinge ... nein, nicht mehr mit mir.
Ich lernte jemand kennen der mich in meinem Vorhaben bestärkte. So mietete ich eine kleine, leistbare, Wohnung. Aus heutiger Sicht war es eine Bruchbude. Wohn/Schafzimmer, Küche mit Waschgelegenheit und (immerhin!) Dusche, winziger Nebenraum, die Toilette (der Hammer schlechthin) außerhalb. Aber: meins, meins, meins! Jetzt hatte nur mehr ich das Sagen. Die Beziehung mit meinem Bekannten ging alsbald in die Brüche, und ich denke, zu der Zeit hat es angefangen.

Ich wurde mehr und mehr kreuzunglücklich mit meiner Bleibe. Beigetragen hat sicher auch die allgemeine Unzufriedenheit. Rosarote Brille plötzlich grau in grau, leichte Überforderung im Job, Kontakt mit der ganzen Familie nach wie vor schwer gestört. Ich stand völlig allein da (Ätsch, ich hatte es ja nicht anders gewollt) und es war finanziell zu dem Zeitpunkt unmöglich, daran etwas zu ändern. Erstmal musste ich fleißig sparen, um meine Lage verbessern zu können. So vergingen mehrere Jahre.
Dann begann sich das Blatt zu wenden. Als erstes lernte ich einen Mann kennen, von dem ich schnell dachte: Ja! – der ist es! Bald zog er bei mir ein. Aber eines war binnen Wochen klar: eine andere, größere und vor allem komfortablere, Wohnung musste her. So begann die Suche. Vorerst ausschließlich Mietobjekte. Wir bekamen nichts zu sehen, bei dem uns das Preis/Leistungsverhältnis angemessen erschien. In mir regte sich schon lange der Gedanke: Nein, Miete bringt's nicht! Ich will Eigentum!
Nur wie bezahlen?
Bald darauf kam Ereignis Nummer zwei durch meine Großtante. Bei ihr bin ich zum Teil groß geworden, und sie war es auch, zu der sich das Verhältnis nach meiner „Flucht" am schnellsten erholte. Sie lebte bereits seit geraumer Zeit in einem Pflegeheim hatte, aber noch ihre Wohnung, in der ich als Kind gelebt hatte, und um die ich mich kümmerte. Meinen Mr. Right habe ich ihr nach wenigen Wochen des Kennens vorgestellt. Ich glaube, sie mochte ihn auf Anhieb gut leiden.

Bei einem meiner nächsten Besuche verblüffte sie mich mit folgender Aussage:
„Sag mal, du bist doch jetzt nicht mehr allein. Ist da deine kleine Wohnung nicht eine Belastung für eure Beziehung? Ständig zusammen auf kleinsten Raum.
Weißt du !
Mir ist im Laufe der letzten Monate klar geworden: ich werde nie mehr wieder so gesund, als dass ich von hier weg kann. Ich ersuche dich hiermit, meine Wohnung aufzulösen. Versuche alles möglichst teuer zu verkaufen. Und der Erlös ... der gehört selbstverständlich dir. Schließlich hast du jetzt viel Arbeit vor dir."

Ich schaute sie minutenlang nur ungläubig an, um dann zu stammeln:
„Ist das dein ernst?
Willst du das wirklich?

All die schönen Möbel, Bücher und Silbersachen soll ich verkaufen?
Und alles Geld gehört dann mir?"

Und genau so geschah es dann. Ich hatte zwar geraume Zeit mächtig zu tun, war aber recht erfolgreich beim Verkauf. Da es mir gelungen war, in der Zeit vorher einiges zu sparen, war ich damit und dem Erlös aus dem Verkauf der Sachen meiner Tante einen Riesenschritt weiter in Richtung Eigentum.

Doch es sollte noch besser kommen. Ereignis Nummer drei warf mich fast um. Anlässlich einer meiner seltenen Besuche bei meinen Eltern (das Verhältnis war nie besonders) stellte ich Mr. Right auch ihnen vor. Die Resonanz war auch hier positiv. Bei Kaffee und Kuchen erzählte ich, dass wir auf Wohnungssuche seien und Dank der Zuwendung meiner Tante sogar schauen konnten, ob's nicht doch Eigentum werden könne. Einige Tage danach bekam ich einen Anruf meiner Mutter.

Schon ihre erste Frage: „Bist du allein zuhause", ließ mich aufhorchen und denken: „Was soll das denn nun werden?"

Der daraufhin folgende Dialog verlief etwa so:

„Also dein ... scheint wirklich ein Netter zu sein. Du meinst es ernst mit ihm?"

„Ja Mama, das tue ich."

„Das ist schön. Ich denke, es liegt ihm auch viel an dir. Was sagtest du, macht er beruflich?"

„Ich sagte noch gar nix. Er ist selbstständig." Ich nannte ihr die Branche, in der er arbeitete.

„Und läuft das gut?"

Langsam fühle ich mich wie bei einem Verhör. „Geht so, wie überall halt. Mal besser, mal schlechter", gab ich zurück.

„Du bist sehr ehrlich."

Damit gab sie mir eine Steilvorlage für einen Seitenhieb. „Bin ich das nicht immer?
Außerdem wurde ich von Tante ... so erzogen."

Kurzes schweres Durchatmen am anderen Ende der Leitung. „Ähm ja ... also eine letzte Frage habe ich noch. Wenn ihr euch wirklich für Eigentum entscheidet: wer wird denn da im Grundbuch stehen. Ich weiß zwar nicht, wie viel er beisteuern kann ..." ... kurze Pause, ...aber Selbstständigkeit kann immer schief gehen und wenn dann die Wohnung in die Konkursmasse kommt ..."

„Halt ein!", unterbrach ich ihr Gestammel, „ich weiß zwar nicht, worauf du hinaus willst, aber ich kann dich beruhigen. Das ist alles längst besprochen. Zum einen wäre mein Beitrag der wesentlich größere und das Risiko, im Falle eines Schiffbruchs der Firma die Wohnung wieder verkaufen zu müssen, haben wir auch erkannt. Wenn wir uns wirklich für Eigentum entscheiden, werde ausschließlich ich ins Grundbuch eingetragen."
Schweigen. Dann, ihre Freude war hörbar: „Hach, was hab ich doch für ein gescheites Kind."

Jetzt war ich es, die schwieg. Langsam wurde es unheimlich: erst offen gezeigtes Interesse an meinem Tun und jetzt auch noch ein dickes fettes Lob – oft passierten derlei Dinge nicht!
„Wenn das so ist", sprach sie weiter, „ich verlasse mich drauf – freue ich mich, dir sagen zu können, dass der „Familienrat" – so nannte meine Mutter gemeinsam mit ihrem zweiten Mann getroffene Entscheidungen – gestern Abend entschieden hat: Du bekommst eine Erbvorauszahlung in von uns überwiesen." Sie nannte die Summe.
Was in den nächsten Minuten in mir abging, kann ich nicht beschreiben.
Mir fehlen dafür einfach die richtigen Worte. Noch nie zuvor – und auch nicht danach – war ich so sprachlos, so positiv überwältigt wie in diesem Moment.
Es dauerte eine Weile bis ich realisiert hatte: JETZT konnte ich das Wunschprojekt „Eigentumswohnung" endlich wahr werden lassen. Ja, es war ein langer Weg. Aber er hat sich gelohnt. Nach über 20 Jahren lebe ich (nur mehr ich) noch immer in meinem „Traum". Ich bin noch immer zufrieden mit der Wahl des Objekts meiner Begierde. Ich wohne gerne hier und fühle mich nach wie vor sehr wohl. Nachsatz: Ich bin bis heute überzeugt die Ursache für das Handeln meiner Eltern war, dass sie der Großzügigkeit meiner Tante in nichts nachstehen wollten. Mir konnte es nur recht sein."

Während ich dieses Kapitel schreibe, feiert eine halbe Million Menschen in der niedersächsischen Landeshauptstadt Hannover, in deren Umland ich lebe, den Tag der deutschen Einheit und die Wiedervereinigung von DDR und Bundesrepublik Deutschland, die am 3. Oktober 1990 vollendet wurde. Ich bin heute davon überzeugt, sie kam hauptsächlich zustande, weil viele Tausend Menschen in beiden deutschen Staaten diesen Wunsch hatten. Dass sich so viele eins machten, wirkte enorm verstärkend und führte schließlich dazu, dass nach dieser „friedlichen Revolution" die Grenzen fielen. Merke: Je mehr Menschen sich eins machen mit einem bestimmten Wunsch, desto größer sie die Chancen, dass dieser sich verwirklicht. Wenn du dir etwas wünschst, suche dir zur Verstärkung einige Partner, die sich mit dir eins machen.

Wunschaffirmationen

Ich strahle positive Energie aus und ziehe damit Positives in mein Leben.
Ich ernte, was ich sähe.
Alles, was ich brauche, ist bereits vorhanden.
Was ich mir wünsche, wird Realität.
Ich bin reif für Erfolg und deshalb wird er sich einstellen.
Ich danke schon jetzt dafür.

Für meine Gedanken & Erkenntnisse zum Kapitel

Träumst du noch oder wünschst du schon?

5 Schritte zum Erfolg

Erster Schritt

Leg den Hebel um oder drück den anderen Schalter – wie immer du es ausdrücken willst, geh auf Plus statt wie bisher auf Minus. Denk dran: Plus bedeutet immer positiv, das Minuszeichen negativ. Plus heißt aber auch mehr, statt weniger oder ein Fehlbetrag, was in der Mathematik und im Kaufmännischen das Minuszeichen bedeutet. Aber morgen willst du mehr und nicht weniger vom Leben!

Glaube daran, dass Wunder möglich sind und sich alles in deinem Leben ändern kann.
Erfinde dich neu!

Werde ein anderer Mensch! Ändere dein Leben. Wir sind niemals zu alt dafür. Mit über 50 Jahren stellten meine Frau und ich unsere Ernährung um und wurden Vegetarier, obwohl ich Jahrzehnte lang ein begeisterter Fleischesser gewesen war. Jede Lebensumstellung fängt im Kopf an. Es sind unsere Gedanken, die unser Leben formen. Wir machen uns zu dem, was wir über uns denken.
Warst du bisher ein Pechvogel? Das muss nicht so bleiben. Und es wird nicht so bleiben, wenn du dich an die Schritte hältst, die dir dieses Buch zeigt.

„Was du heute denkst, wirst du morgen sein."
Buddha

„Alle denken nur darüber nach, wie man die Menschheit ändern könnte, doch niemand denkt daran, sich selbst zu ändern."
Leo Tolstoi

Nicht die äußeren Umstände sind es, die unser Leben letztlich bestimmen, sondern die Frage:
Wie gehen wir mit ihnen um?
Allein darauf kommt es an. Programmiere dein Denken neu. Entrümpele deinen Kopf. Befreie dich von unguten Gewohnheiten, die dir schaden.

Sag dir immer wieder: „Ich gefalle mir. Ich bin gut so, wie ich bin."
Und was dir nicht gefällt, das ändere. Wir sind nie zu alt dafür

Zweiter Schritt

Glaube an dich!
Jeder Mensch wird als Original geboren, ist ein Unikat.
Leider sterben die meisten als Kopie.
Du bist etwas Besonderes.
Wenn es dir noch nie jemand gesagt hat, dann sage es dir selbs t!!
Entwickle Selbstbewusstsein.
Beginne damit, dich selbst zu achten und zu lieben.
Nur wer sich selbst achtet, kann andere Menschen achten.
Was Jesus vor 2000 Jahren sagte, nämlich seinen Nächsten zu lieben, wie sich selbst, das bedeutet zunächst einmal, sich selbst wertzuschätzen und zu achten.

Millionen Jugendliche schreiben sich per SMS oder bei Facebook die drei Buchstaben Hdl, Hab dich lieb oder – etwas länger – „Ich hab dich lieb!"
Sag es dir öfter einmal selbst: Ich hab Dich lieb!
So wie du bist. Weil du als Mensch wertvoll bist. Und dann werde dir darüber klar, welche Stärken und besonderen Fähigkeiten du hast.
Was kannst du besonders gut?
Welche Talente hast du?

Bau sie aus und nutze sie. Du hast eine Verantwortung, wenn dir bestimmte Begabungen geschenkt wurden. Schöpfe dein Potenzial aus. Lass deine Fähigkeiten nicht ungenutzt. Aber werde dir auch klar über deine Schwächen, arbeite daran und überwinde sie.

Dritter Schritt

Definiere dein Ziel!

Wer willst du sein?
Was möchtest du erreichen?
Ist dein Ziel realistisch?
Lebe zielorientiert. Nutze die Kraft des Resonanzgesetzes, indem du deine Ziele und Wünsche aussprichst. Übe mit kleinen Wünschen, bevor du zu den größeren kommst. Bleibe dabei aber immer realistisch.
Wenn du ein Gehalt von 5000 Euro verdienst, bitte nicht um eine Gehaltserhöhung von 2000 Euro.
Visualisiere die Erfüllung deines Wunsches und Ziels.
Suche den Kontakt zu Menschen, die bereits dort sind, wo du hin willst. Bei mir war es eine Autorenvereinigung, der ich mich anschloss, damals noch als Fördermitglied, denn ich hatte noch kein Buch herausgebracht, was aber zu den Aufnahmekriterien gehörte. Doch so kam ich in Kontakt zu anderen bekannten Autoren, die mich damals motivierten und mit denen ich heute befreundet bin.
Erfolgreiche Menschen haben viele Kontakte.
Lebe in gesunden Beziehungen zu deinem Partner, deiner Familie und zu deinen Freunden.
Begegne anderen Menschen mit Wärme, Freundlichkeit und Respekt.
Jeder möchte geliebt werden.
Versuch auch denen gegenüber freundlich gegenüber zu treten, die auf den ersten Blick wenig liebenswert erscheinen.
Du weißt nicht, was sie so werden ließ, wie sie sind. Sei ehrlich und gastfreundlich. Wirke positiv im Leben anderer Menschen. Lebe nach der Goldenen Regel, die besagt: Behandle andere so, wie du selbst behandelt werden willst.

Oder, wie Konfuzius es ausdrückte:
Was du selbst nicht wünschst, das tue auch nicht anderen Menschen.

Wenn du so lebst, kannst du im Umgang mit deinen Mitmenschen nichts verkehrt machen. Befasse dich mit Menschen und Dingen, die dich voranbringen.

Vierter Schritt

Leg endlich los!

Und zwar mit Herzblut!
Steh voll und ganz hinter deinem Traum und verfolge dein Ziel. Selbst unter schwierigen Voraussetzungen gibt es die Möglichkeit, Umstände zum Besseren zu wenden, wenn du dich ernsthaft darum bemühst.
Und selbst wenn du auf dem Weg zu deinem Ziel Fehler machst – und wer tut das nicht? – bist du immer noch erfolgreich, solange du aus deinen Fehlern lernst.
Denn deine Vergangenheit ist nicht deine Zukunft.

Wusstest du schon, dass die Hummel bei einem Gewicht von etwa 1,2 Gramm und einer Flügelfläche von nur 0,7 Quadratzentimetern nach aerodynamischen Gesetzen unmöglich fliegen kann?

Allerdings interessiert sich die Hummel nicht für wissenschaftliche Tatsachen und fliegt trotzdem.

Fünfter Schritt

Halte durch.

Sei bereit für ein Wunder!

Sei bereit für DEIN Wunder!

Sei bereit, es in deinem Leben zuzulassen! Glaube an deinen Erfolg! Vergiss nicht –

Auch Du

kannst es schaffen!

Für meine Gedanken & Erkenntnisse zum Kapitel

5 Schritte zum Erfolg

Hinweis

Die in diesem Buch veröffentlichten Ratschläge wurden vom Autor sorgfältig erarbeitet und geprüft, aber natürlich kann eine Garantie nicht übernommen werden. So ist eine Haftung des Verfassers bzw. des Verlages für Personen-, Sach- oder Vermögensschäden ausgeschlossen.

Über den Autor

Peter Hoeft wurde 1957 in Helmstedt geboren, wuchs in Hannover auf und begann schon als Jugendlicher zu schreiben. Inzwischen ist der gelernte Altenpfleger Autor von über zwanzig Erzählungen, Romanen, Sachbüchern und Biografien. Verkaufte Gesamtauflage seiner Bücher: über 100 000.

In mehreren Anthologien verschiedener Verlage ist er mit Kurzgeschichten vertreten. Unter dem Pseudonym Gerit Bertram schrieb er zusammen mit einer Co-Autorin die historischen Romane *Die Goldspinnerin, Das Gold der Lagune, Das Lied vom Schwarzen Tod* und *Die Tochter des Medicus*, die im Blanvalet Verlag veröffentlicht wurden.
2015 erschien im Galactic Bookstore Verlag sein Buch *Manchmal können sie uns sehen* mit 16 fantastischen Kurzgeschichten.
Der Autor lebt mit seiner Frau in der Nähe von Hannover. Gern steht er für Lesungen aus seinen Büchern zur Verfügung. Seine Adresse erfahren Sie über den Galactic Bookstore Verlag.